来自德国的问候
预祝您拥有一个美好假期！

亲爱的读者：

或许您会问自己，为何您买了一本德国而非本国制作的旅行指南？但请放心，您已经为此做出了一个正确而又明智的选择。

在2012年中国取得全球旅行冠军之前，该头衔一直被德国保持。对于德国这样一个"小国家"来说，这是令人惊叹的！原因可能是，自1950年开始，旅行的梦想对于广大的德国人来说开始变得更为现实。因此，梅尔杜蒙在与北京出版集团的合作中茁壮成长。

"梅尔杜蒙"的故事是一个了不起的故事，从充满冒险的旅程到成为家族的旅行事业，直至今天已传承三代，现由创始人的孙女继续领航这一成功之旅。如今的"梅尔杜蒙"已是欧洲旅游产品领域遥遥领先的品牌。

手握这样一本旅行指南，您可以高枕无忧。请您相信，无论您要去的是世界的哪个地方，梅尔杜蒙近百年的专业经验以及适合中国旅行者的本土化信息，都可以帮您更精确地了解旅行目的地。

请您开始一段全新的奇遇之旅吧！

这本书会是一个随时陪伴您的伙伴，预祝您有一段充满新的发现和希望的完美旅程！

中国作者
FangFang

德国作者
马丁·H.彼得里奇
（Martin H.Petrich）

90后白羊女，吃货一枚，自由行爱好者。现居斯里兰卡加勒，自营客栈德令哈小馆，承接旅行定制等服务。

2016年年末，一时兴起独自踏上这片陌生又神秘的海岛，没有特定的计划，边走边看，自此与斯里兰卡结下了不解之缘。爱上了这里天然的风景、纯净的空气、规律的生活，也恨透了当地人无限期的拖延症。发掘了自己更多的可能，也有了更多的爱好：潜水、冲浪、烹饪……

对他而言，美好的一天是从辛辣的咖喱开始，在烧酒中结束的——最好在黄昏的时候，还能有一个殖民风格的酒店或是水上风景为伴。为了调查当地情况，或者是带旅行团出游，抑或为了寻找一个新的流浪者聚集地，这个亚洲专家从1999年开始就经常前往斯里兰卡旅行。

梅尔杜蒙的故事

希尔德（Hilde）和库尔特·梅尔（Kurt Mair）是为旅行而生的。早在20世纪20年代第一次世界大战刚刚结束时，他们就驾驶着汽车或者摩托车穿梭在欧洲大陆上。漏气的轮胎、过热的冷却机、失灵的刹车，这些都无法阻挡他们前进的步伐。那时有很多我们今日无法想象的场景，甚至没有一张地图！即使是这样，连撒哈拉大沙漠也无法阻挡梅尔夫妇的冒险之旅。同样他们也会做测绘之旅，这些被探测的路况信息会被精确地整理和保存。第二次世界大战结束后，1948年，库尔特·梅尔成立了公司，路书和地图册是他们的主营产品。库尔特·梅尔离世后，他时年26岁的儿子福尔克马尔·梅尔（Volkmair Mair）继承并领导这个企业，为今天的梅尔杜蒙集团打下了基石，使集团成为一个全球性的媒体集团，其在全球拥有多家办事处，员工380名，年销售额约1亿美元。

今日的梅尔杜蒙集团不仅仅提供地图，旅行指南、旅行画册、旅行冒险和电子产品构成了集团丰富的产品组合。在中国，梅尔杜蒙与北京出版集团于2014年成立了合资公司，开始服务于中国旅行者日益增长的需求。

欢迎来到斯里兰卡

在地图上，南亚次大陆南端的斯里兰卡就像是一颗眼泪形状的绿宝石。再也没有一个离赤道700千米的热带岛屿，能够既拥有沙沙作响的绿油油的棕榈树丛，又拥有幽深茂密的丛林、一望无垠的稻田和青翠欲滴的茶园。在世界上再也没有另外一个国度被人赋予如此美丽的名字：这里的人在2000年前被古希腊人称为塔坡巴纳（Taprobana）——古铜色皮肤的人；而阿拉伯航海者称它为塞雷尼布（Serandib）——富有魔力的国度。1948年，这个国家正式宣布独立，定国名为锡兰（Ceylon）。从1972年起，这个岛就又拥有了如今这个名字——斯里兰卡，听起来就像诗一样美妙。而在泰米尔语里，它被叫作易兰卡（Ilaṅkai），意为"值得注意的奇迹"。

在这面积只有65610平方千米、比中国宁夏回族自治区略小的土地上，这个小岛充分展示了自身的传奇色彩。从北边的佩德罗角镇（Paint Pedro）到马特勒（Matara）南边的栋德勒（Dondra）的距离为435千米，而从东到西的最远距离

上图：在斯里兰卡南部海岸线的美瑞莎沙滩（Mirissa Beach）

斯里兰卡

米内瑞亚国家公园里的大象正在水潭相聚

也不过225千米,但这片土地上却蕴藏着让人震惊的风景宝藏。超过1300千米的海岸线边有绵延不绝的沙滩和孤独的海湾,还有在空中摇曳的可可树以及陡峭的悬崖。

在这里您全年都可以享受游泳的乐趣。西部和偏远的南部在每年11月到次年4月、东部海岸在每年3月到10月是旅游旺季。内战结束以来,这些地区都在加紧建设住宿地。无论是简朴的旅馆、华贵的殖民别墅,还是别致的度假村都值得去感受。在科伦坡的拉维尼亚山,大英帝国的官员们很早就对大海无比向往了。斯里兰卡最古老的海滨浴场尼甘布的热带阳光在19世纪70年代初就吸引了很多欧洲游客。游客们可以沿着科伦坡和加勒之间的所谓的黄金海岸进行海滩旅

公元前6世纪 维加雅(Vijaya)王子传奇般地到来,僧伽罗人和泰米尔人定居岛屿。

公元前377年到公元1017年 僧伽罗王朝统治时期,小岛处于鼎盛,直到被南印度的乔拉帝国占领。

1070年到13世纪 恢复独立,迎来波隆纳鲁沃时期的第二次鼎盛。

13世纪到15世纪 这个国家分裂为一个泰米尔人王国和两个僧伽罗人王国。

1505年 葡萄牙人控制沿海地区。

欢迎来到斯里兰卡

行。如果您只是想要在这儿闲逛的话,那您就会和那些快活地在水里嬉闹的人一样快乐。如果您想探索大自然的话,那您也不会失望的,因为在内陆有很多风景等着您去发现,比如美丽的热带公园、寂静的湖面以及有众多鸟类的潟湖。东部的阿鲁加玛湾(Arugam Bay)像磁石一样吸引了全世界的冲浪爱好者,这些人的冲浪水平在亚洲都是极高的。如果您的最终目的是潜水的话,您可以在印度洋的深处发现鱼类众多的珊瑚礁以及历史久远的船只残骸。

斯里兰卡的美丽不止如此。在很多郁郁葱葱的花园里有着豆蔻、胡椒和肉桂树,这使得斯里兰卡得到了"香料岛"的美名。此外棕榈树、稻田以及橡胶树也是农业的重要组成部分。"我们在这儿找到了天堂,这简直是大自然无私的馈赠。"赫尔曼·黑塞1911年在这儿散步的时候欣喜地说道。就像这个著名的诗人一样,现在很多游客也乘车穿过高原到达这里一望无垠的茶园。这些茶园就像是建造在多山地区的绿色阶梯,比如埃勒(Ella)和哈普特莱(Haputale)。这些地区拥有非常优美的景色,有像邓欣达瀑布(Dunhinda Falls)一样清爽的瀑布,或者是像基图

在大自然中的香料园和茶园

尔格勒一样有汹涌水流的瀑布。山上和海边不仅风景天差地别,气候也有很大不同。如果您想去山上游玩的话,一定要穿上防风衣和套头衫。

1656年到1802年 荷兰东印度公司在康提王国的中心地带垄断权益。

1802年 该岛成功成为英国殖民地,种植园经济扩大。

1942年 日军轰炸亭可马里。

1948年 2月4日斯里兰卡正式宣布独立。

1960年 西丽玛沃·班达拉奈克(Sirimavo Bandaranaike)成为世界上第一位女总理。

斯里兰卡

因为有着众多的国家公园,所以对斯里兰卡而言,与自然和谐共处非常重要。水库旁的野生大象、稀树草原上的蜥蜴、寺庙废墟里的猿群以及海洋中的海豚,即便是通过望远镜观察,都能让人热血沸腾。

回忆高度发达的文明

斯里兰卡的古代遗址是其2300年古老文明的见证。它体现了佛教的发展,而且还展示了这片干旱土地上高度发达的灌溉系统。直到今天,还有超过33000座水库服务于斯里兰卡人民,它们中有许多源于古代。"它让人类过得好一些,一点雨水都不能流入海中。"这是12世纪伟大的统治者波罗迦罗摩巴忽一世(Parakramabahu I)的格言。是他建造并修复了数千处运河以及水库。直到现在这些水库还是水鸟以及野生大象重要的栖息地。此外,在米内瑞亚和卡杜拉国家公园还有很多辽阔的自然保护区。

如果您在废弃农田、阿努拉德普勒王城和波降纳鲁沃闲逛,或者是在热闹非凡的"山节"时爬上锡吉里耶(Sigiriya)的山峰,只要看一眼这里由先人制作的精巧的文物,您就一定会喜欢上它们。

"大腹便便"的印度塔在斯里兰卡被叫作舍利塔(Dagoba),它们在广阔的平地上拔地而起,使人想到从轮回到涅槃的艰辛之路。这些金质佛像平和的表情展现出一种内心的宁静,使无数虔诚的观赏者为之动容。同时,1500年以来依然闪闪发光的斯里兰卡裸胸女像也吸引了很多游客。色彩缤纷的印度教寺庙给人留下了深刻的印象。一层一层地装饰着雕塑的高耸塔楼看起来像三维格式的图画书。在这里,来印度教神话世界的神灵、恶魔和万物一起嬉戏。除了在科伦坡和马塔莱,您也可以在贾夫纳(Jaffna)和亭可马里等城市找到很多诸如此类美丽的寺庙。

但在这个郁郁葱葱、生机勃勃、有着众多寺庙以及积极世界观的地方偏偏

2004年12月26日 海啸造成3.5万余人死亡,全球支援。

2009年 通过数月的进攻,政府军成功结束了内战。

2015年 迈特里帕拉·西里塞纳(Maithripala Sirisena)赢得了总统选举。

欢迎来到斯里兰卡

在阿努拉德普勒的鲁般瓦利舍利塔（Ruwanweli Seya Dagoba）的佛教朝圣者

有时会像地狱一样。超过1/4个世纪——在1983—2009年之间，一场血腥的内战夺走了数万人的生命，最终导致了社会分裂。

占大多数的僧伽罗人和少数的泰米尔人之间的矛盾就像一块沉重的乌云笼罩着大地。这种种族冲突也可能与僧伽罗的创始传说有关：维加雅是来自印度北部的王子，曾带着700名战士登陆这个岛屿并成为僧伽罗人的祖先。在公元前3世纪，伟大的印度皇帝阿育王的儿子使得以阿努拉德普勒为都城的僧伽罗王朝皈依佛教。从那时起，开明的宗教影响着人们的日常生活，宗教庆祝活动也成为大多数人的节假日。

就像他们的兄弟们一样，来自印度的泰米尔人也在岛上生活了很长时间。即使政治权力斗争和战争不断出现，他们中的大多数人也在一起生活并延续各自的文化。在英国殖民统治期间，泰米尔人一直受到青睐，直到1948年独立后，僧伽罗精英才开始反抗。仇恨让他们聚集在一起，经过长期的不稳定后，1983年内战爆发了。

> 佛教深刻地影响着大多数人的日常生活

时间终会抹去所有伤痕。如今，无论是在遥远的北方还是在偏远的南方，无论是在海岸还是在高地，您都会遇到为自己的祖国而感到自豪的斯里兰卡人。

当地锦囊

从所有的当地锦囊中,我们为您挑选出了15条最棒的旅行建议。

当地锦囊 ▶怀旧风格

荷兰医院(Dutch Hospital)是科伦坡堡(Colombo Fort)的著名景点之一。在这片地带分布着许多有着美味的餐厅、入时的服装专卖店以及令人感到舒适愉快的咖啡厅。➔ **P.36**

当地锦囊 ▶斯里兰卡制造

在康提(Kandy)的皇后酒店(Queens Hotel)中的欧黛尔路易斯勒(Odel Luv SL),您可以尽情选购时尚的服饰、精美首饰以及各种斯里兰卡的纪念品。➔ **P.65**

当地锦囊 ▶水上滑板

您可以在尼甘布(Negombo)北部的廷亚(Ging Oya)的河口地区体验这项刺激的水上运动。➔ **P.45**

当地锦囊 ▶观赏海豚

卡尔皮蒂耶半岛(Kalpitiya)附近的海域有几百条海豚,要是幸运的话,您还能在那里看到鲸鱼(上图)。➔ **P.46**

当地锦囊 ▶亲身感受呼啸声

您想去山间亲身感受疾驰的蹦蹦儿的呼啸声吗?那就从班德勒韦勒(Bandarawela)出发欣赏美丽的茶园以及秀丽的风景吧。➔ **P.64**

当地锦囊 ▶美丽的五彩世界

赛林(Selyn)的很多分店都提供精美的物件以及饰品,这些都是由当地心灵手巧的女人们做的。➔ **P.42**

当地锦囊 ▶亚利克・基尼斯的游泳地

亚利克・基尼斯(Alec Guinness)主演的世界知名电影《桂河大桥》(The Bridge on the River Kwai)正是在基图尔格勒(Kitulgala)拍摄的,现在您可以在那儿的河流中划筏艇(下页图)。➔ **P.70**

当地锦囊 ▶田园风光

阿努拉德普勒(Anuradhapura)因其文物以及富有情趣的水库吸引了无数游客。➔ **P.77**

当地锦囊 自行车之旅

您可以骑着自行车充分感受波隆纳鲁沃（Polonnaruwa）美丽绝伦的古城。您最好早上从北边的部分开始游玩，那么您就可以欣赏到著名的伽尔寺（Gal Vihara）佛像了。→ P.85

当地锦囊 梦想之境

很少有游客知道在梅迪里吉里亚（Medirigiriya）附近的原野中有宏伟的寺庙遗迹。那里高耸的圆塔值得一看。→ P.88

当地锦囊 在海边吹风

拉维尼亚山（Mount Lavinia）旁沙滩上的船屋咖啡店（Boat Haus Café）是您品尝海鲜以及感受寒冷海风的绝佳地点。→ P.44

当地锦囊 乡村花园旅馆

如果您只是在这片土地上待几天，您可以在距离阿努拉德普勒20分钟车程的宾馆——乡村花园旅馆（Village Garden Inn）留宿，感受这片土地的魅力。→ P.81

当地锦囊 坐火车去东海岸

坐火车穿过多山的高原是一件很激动人心的事情，在哈伯勒内（Habarana）到亭可马里（Trincomalee）的途中，卡杜拉国家公园（Kaudulla National Parks）路旁的风景也十分优美。→ P.94

当地锦囊 视野如此宽阔

除了在埃勒的高原，您几乎找不到其他的地方能让您拥有如此宽阔的视野。在天国景观宾馆（Zion View Guest）您可以感受外面风景的全貌，同时享受舒适的住宿环境，并感受斯里兰卡人的热情。→ P.62

当地锦囊 极好的衣服

在科伦坡（Colombo）时尚的肉桂花园区（Cinnamon Garden），北回归线（Tropic of Linen）的橱窗和展台上展示的是精细的亚麻制品、女士服装和衬衫，还有裁剪得当的衬衣，样样都是精品。→ P.42

体验斯里兰卡

免费畅游
既省钱，又能发现新事物

省钱有道

● **感受丛林深处**
在里蒂格勒自然保护区（Ritigala Strict Nature Reserve）里，曾经隐居着一位佛教徒。他住所的遗址现在还在丛林深处。您目前还可以免费感受这种氛围。→ **P.85**

● **被诅咒的庙宇**
在田园间的水库边上坐落着一个在马塔莱（Matale）和丹布勒（Dambulla）中间已经存在1000多年的佛教圣地——那兰达寺。在这儿您不仅可以享受风景，还可以省钱，因为它是可以免费进入的（左下图）。→ **P.83**

● **寺庙上的人像**
马塔莱的印度教寺庙是这个地区最重要的印度教寺庙之一。您可以不必进入，因为最有趣的实际上是这个寺庙的外表——在庙的正面有很多宗教书籍上的人像。→ **P.70**

● **品茶**
和其他大多数的茶园不一样，只要您想的话，就可以在马克伍兹茶厂（Mackwoods Labookellie Estate）的工厂加工茶叶以及喝些免费的茶。随后就可以让自己被这些美味的茶品以及纪念品店铺包围了。→ **P.67**

● **闪闪发光的珠宝**
宝石银行和宝石博物馆（Gem Bank and Gemmological Museum）经常会有紫水晶、红宝石或者是祖母绿等闪闪发光的宝物。即使您的珠宝箱已经装得满满的了，您在这儿也能找到乐趣——毕竟看看也不用花钱。→ **P.74**

● **免费观看巨兽**
想去国家动物园里看野生大象的人往往需要花很多钱买门票，而在拉胡加拉-基母拉那国家公园（Lahugala Kitulana National Park）就不需破费。在那儿您可以免费观看A4国道上的动物。大多数时间它们都在水库边玩闹。→ **P.93**

本色斯里兰卡
不容错过的特色体验

● **舌尖上的斯里兰卡**

在这个国家，一大早您就能享用到烹饪盛宴，那就是典型的斯里兰卡早餐。特别是用米团做成的米粉。在科伦坡加勒菲斯酒店（Galle Face Hotel）的阳台餐厅（Veranda Resturant）里，还有各种各样的咖喱以及其他美味。→ **P.43**

● **浓郁的热带风情**

在靠近康提的佩拉德尼亚皇家植物园（Peradeniya Botanical Gardens）漫步时，您可以充分感受到岛国斯里兰卡植物种类的多样性。在这个62万平方米的地域上，生长着4000多种植物和1万余棵巨大树木。（右图）→ **P.71**

● **凉风习习的高处有朝圣者的目的地**

高2243米的亚当峰（Adam's Peak）虽然不是斯里兰卡最高峰，但却是斯里兰卡最神圣的山峰。如果您想加入无尽的朝圣者队伍，去欣赏山顶处的日出胜景，就必须在午夜时分从床上爬起来。→ **P.73**

● **冬日的象群**

克拉尼亚大佛寺（Kelaniya Raja Maha Vihara）是科伦坡东部的佛教朝圣地，每年的1月满月的时候这里都会有象群通过。在一个月之后的满月的夜晚，象群又会在甘加拉玛雅寺（Gangaramaya Temple）周围出现。→ **P.39**

● **在世界尽头游荡**

霍尔顿平原（Horton Plains）被联合国教科文组织列为世界遗产，您可以在开满杜鹃花和杪椤木的美景中漫步，然后在"世界尽头"眺望远方。→ **P.74**

● **观看虔诚的祈祷**

康提著名的佛牙寺（Dalada Maligawa）每日都会邀请穿着传统服饰的鼓手参加一个耗时1小时的仪式。在仪式上，虔诚的信徒拥入一楼，向打开的圣物箱祷告，来展现对于圣物的敬意。→ **P.66**

本地特色

雨天游玩
下雨天，也美妙

- **在尼甘布享受咖啡甜点**
    当季风的乌云越来越近的时候，尼甘布的罗马假日餐厅（Dolce Vita）就变成了躲避连绵不绝的阴雨天气的最佳场所。在这里，您还可以边享受咖啡甜点，边欣赏棕榈树。→ **P.45**

- **在康提城市中心购物**
    在康提城市中心（Kandy City Centre）各种斯里兰卡企业的分店中好好寻找一番吧。比如欧黛尔（Odel）、西迪亚（Hemeedia）、专卖服饰商品的兰詹斯（Ranjanas）或者专卖文学作品的维吉塔亚帕书店（Vijitha Yapa Bookshop）。→ **P.68**

- **文雅地穿过高原风暴**
    努沃勒埃利耶（Nuwara Eliya）的天气与英国相似——阴雨绵绵并且清冷。在圣安德鲁杰特威酒店（Jetwing St. Andrews）的路洞酒吧（Road Hole Bar）里，您可以在噼里啪啦的炉火旁享受威士忌，也可以在有120多年历史的球桌上打台球。→ **P.71**

- **茶艺纪念品**
    加勒（Galle）的荷兰皇家咖啡馆（Royal Dutch Café）不仅仅为您提供美味的茶饮以及好吃的零食，还有一些小的纪念品店等待您的光临。（左上图）→ **P.53**

- **去神那儿做客**
    在波隆纳鲁沃纪念碑的阴影下，很少有人去游览博物馆。这真的毫无道理，因为这儿不仅展示了曾经的王城和其发展进程，也拥有很多无比精美的印度教神灵的铜像。→ **P.87**

- **在电影院体味古老岁月**
    您可能听不懂斯里兰卡的语言，但是在皇家科伦坡——一座1930年就建造的电影院，您可以沉浸在科伦坡古老的岁月里。→ **P.42**

下雨时分

休闲之所
深呼吸，尽情享受，忘记烦恼

● 阿育吠陀养生
您可以在锡兰水疗馆（Spa Ceylon）分店舒适的环境中体验阿育吠陀养生，放松自己的身体。在这里，您可以购买保健品和化妆品，它们都是非常好的小礼品。→ **P.42**

● 在热带园林中消磨时光
对于植物学爱好者来说，本托特（Bentota）的简易花园（Brief Garden）不仅仅是个漂亮的花园。在这里，您可以在僻静的花园中散步，感受热带的气息。作为在1992年去世的生活艺术家贝维斯·芭瓦（Bevis Bawa）的客人，劳伦斯·奥利弗（Laurence Olivier）和阿加莎·克里斯蒂（Agatha Christie）也曾在这里漫步。（左下图）→ **P.51**

● 冥想之旅
在希克杜沃（Hikkaduwa）南端的多丹杜瓦（Dodanduwa）中有一个莲花屋（House of Lotus），这是您满足精神需求的绝佳地点。那里为您准备了合适的食物以及冥想课程，而且沙滩就在拐角处。→ **P.58**

● 边看风景边喝鸡尾酒
在哪儿能有比在流行的天空酒吧享受慵懒的音乐、美味的饮品，以及热带阳光更美妙的呢？太阳在大城市的穹顶之上闪耀，夜晚便沉入海中。在科伦坡您会有很多享受生活的机会。→ **P.20**

● 穿越潟湖之旅
您可以把身体往后靠，在漂浮在多丹杜瓦的拉塔加马潟湖（Rathgama Lagune）的船上享受五颜六色的鸟类世界以及完整的红树林风景。特别值得一看的是早晨或者夕阳西下时的美景，那时候整个湖面都会被笼罩上一层温柔的气息。→ **P.58**

● 观赏佛像，感受宁静
阿华卡纳（Aukana）用岩石雕刻而成的、矗立着的佛像属于艺术作品的顶级之作一。您可以在此感受沉静的氛围，找寻内心的宁静。→ **P.81**

放松身心

潮流之选

1 大快朵颐

美食摊 孩子们吃面条，妈妈们吃咖喱饭，爸爸吃辛辣的泰式汤，斯里兰卡的美食摊非常吸引人。它们的经营概念很简单：以家庭为单位用餐，最后由父亲支付费用。在科伦坡这种形式已经存在很久了〔比如说新月大道（Crescat Boulevard）以及雄伟城市（Majestic City）〕。现在这个概念也在其他地区实现了，例如康提的世界香料（World Spice）以及努沃勒埃利耶的城市美食摊点（City Food Court）。

俯视科伦坡

天空酒吧 ● 即使是当地人也不愿意错过科伦坡的日落美景，因为那时候的天际线特别美。在几个时尚的天空酒吧，您可以一边喝饮料一边远眺美景，例如杰特威科伦坡7酒店（Jetwing Colombo Seven @ www.jetwinghotels.com）和辛纳蒙红酒店（Cinnamon Red Hotels）第26层的红云酒吧（Cloud Red @ www.cinnamonhotels.com）。云朵咖啡（Cloud Café @ www.colombocourtyard.com）的景色可能不那么令人陶醉，但非常适合寻找悠闲氛围的游客。

3 瑜伽和普拉提

健身 在斯里兰卡，忽视肥胖问题的年代也已结束。有越来越多的工作室和度假村提供瑜伽和普拉提。位于科伦坡的OM空间（The OM Space @ www.theomspace.lk）和尼甘布的奥尔加普拉提工作室（Orga Pilates Studio @ www.facebook.com/Pilates Negombo）都在当地人中享有良好的口碑。塔拉拉度假酒店（Talalla Retreat @ www.talallaretreat.com）和灵魂冲浪（Soul and Surf @ www.soulandsurf.com）都是度假胜地。康提三摩地中心（Kandy Samadhi Centre @ www.thekandysamadhicentre.com）会给您带来丛林

斯里兰卡有许多新鲜事物等待您去探索。

般的感觉。

从日本进口

寿司　斯里兰卡并不缺乏新鲜的鱼类和其他海鲜。然而直到现在，寿司对他们来说还几乎是一个外来词。当地人长时间坚持他们的辛辣口味，直到现在才慢慢接触到天妇罗、烤鸡肉串和寿司。享受日式美味推荐的地点是日本桥商场（🏠 Alexandra Place 5, Colombo）和樱花商场（🏠 Rheinland Place, Colombo），以及因其铁板烧而闻名的霍森银座商场（Ginza Hohsen 🏠 in Hilton Sir Chittampalam A. Gardiner Mawatha Colombo @ www.ginza.hohsen.com）。

创意艺术

时尚　长期以来，斯里兰卡一直是国际时尚品牌的加工地。现在这个国家自己也创设了越来越多的时尚品牌。它们并没有受到过去的影响，而是使用可再生的材料。与此同时，更生态化的亚麻衬衫以及便携式的现代时尚也出现了，在纽约、巴黎或者是柏林的街上穿它们都不会格格不入。一个特殊的例子是查理尼（Charini 🏠 Duplication Road, Colombo @ www.charini.com）的可持续设计，因为他们的主题是性感内衣。还有鲁奇拉·卡鲁那拉特（Ruchira Karunaratne @ www.facebook.com/ruchira.karunaratne）或乐蓓尔（Rebel @ www.facebook.com/RebelColombo）的服装。新的品牌不断涌现，其中值得一看的是斯里兰卡设计节（@ www.srilankadesignfestival.com）的参与者和设计学院的毕业生们的作品（@ www.aod.lk）（右图）。

斯里兰卡面孔

学会释然

这个简单的道理来自北印度王子乔达摩·悉达多（Siddhartha Gautama）。约2500年前，他过着奢华的生活，但是他对现状并不满意。29岁的时候，他终于搬出皇宫，开始过起隐居的日子。他让自己挨饿，并且尝试禁欲。在一个夜晚，当他正坐在菩提树下冥想时，他突然意识到：一切终将消逝。我们痛苦，是因为我们不能接受这个事实。后来他终于立地成佛。当我们抛弃所有欲望的时候，就可以到达天堂，结束涅槃重生的循环。很明显，佛祖参透了这一点并且授之于人。公元前3世纪，布道的人们便到达了斯里兰卡。在传道的路上有许多舍利塔，舍利塔大多数为雪白色，呈半圆状或者铃铛状，并带有三角形的尖顶。

上图：杰弗里·鲍娃（Geoffrey Bawa）的建筑作品经常与丛林融为一体

岛屿上有椰子树和大象,自然景观丰富。

蓝宝石

"斯里兰卡的宝藏"——这就是2016年1月的新闻大标题,画面中一位宝石交易商正在将一个鸽子蛋大小的湛蓝色的宝石呈现给大家。"亚当之星"重1404克拉,超过280克,是世界上最大的宝石,价值至少高达1亿美元。这枚宝石是由一名矿工在离拉特纳普勒(Ratnapura)不远的地下挖掘出来的。"宝石之城"实至名归,因为在很久之前,这附近就发掘出过海蓝晶石、鸽血红宝石、朱红锆石等

斯里兰卡

价值连城的宝石。最受欢迎的还是矢车菊蓝宝石,许多领人都喜欢佩戴它。

大象是美食家

新鲜的香蕉、芬芳的水稻、甘甜的甘蔗——就连大象都知道什么好吃。也正因如此,它们可以把整片土地洗劫一空:一头成年大象一天可以吃250千克食物。农民并不喜欢它们,后果就是:每年他们在试图驱赶大象的时候,都会造成约50人和200头大象的死亡。为了给超过5800头野生大象提供足够的生活空间,斯里兰卡特别设立了一系列的国家公园和保护区。

观察大象自由自在地生活,总比看它们表演有趣。这里虽然不像泰国,有不需要过高艺术要求的商业马戏团,但是在斯里兰卡骑大象也是十分受欢迎的项目。您最好注意大象的状态,或者提前询问相关动物保护组织。

野生动物多

猎豹慵懒地在温暖的沙地上休息,连不远处吉普车里的游客都不想去打扰它。东南部热带稀树草原风光的西亚拉国家公园(Yala West National Park)以其猎豹数量众多闻名。在干燥的灌木地带,您也可以找到数量较多的懒熊和水鹿活动的踪迹。您若是对鸟类感兴趣,也不需要走很远,在附近本德勒国家公园(Bundala National Park)的环礁湖上,有成百上千的水禽,其中包括火烈鸟群。这里有超过400种鸟类——其中33种只在岛上生活。因此,斯里兰卡是鸟类爱好者的天堂。

斯里兰卡地貌多样,因此生物种类也十分丰富。只有在这里,您才可以在一天之内看到两种世界上最大的哺乳动物——大象和蓝鲸。但是您必须起个大早,从美瑞莎(Mirissa)出发去到特定海域,蓝鲸在那里活动频繁。到了下午,您可以穿过乌德瓦勒韦国家公园(Uda Walawe National Park),在那里您可以看到700多头大象。

您若是看够了辛哈拉贾森林保护区(Sinharaja Forest Reserve)的丛林景象,就可以开车穿过柚木和红木种植园去往山区,在霍尔顿平原上观赏遍地盛开着的杜鹃花和杪椤。就连参观旧时国王住所时,也可以看到大批的野生动物。仅在波隆纳鲁沃,您就可以找到斯里兰卡5种猴子中的4种,其中包括绮帽猕猴和灰色的长尾叶猴。在回酒店的路上,您可能还会碰上其他野生动物,比如孟加拉巨蜥。它虽然可达1米长,但是完全不会伤人。

从花花公子到明星建筑师

坎达拉马遗产酒店(Heritance Kandalama)位于丹布勒紧邻丛林的背坡,位于加勒的灯塔处,像是波涛上的城堡。它出自南亚著名建筑师杰弗里·巴瓦之手。他于1919年出生于科伦坡,在英国学习法律,但是经常旷课。经过多年的自我定位,1957年,他决定前往伦敦学习建筑。长久以来,巴瓦都被誉为热带现代风格的代表人物,因为他总是能够很好地展现出热带地区的风韵和特色。"人们应当从各个方面了解建筑物",这是他最重要的理念之一。巴瓦将传奇性的建筑与周围的自然环境完美地融合

斯里兰卡面孔

这座金身湿婆像守护着湿婆神庙（Koneswaram）

在一起，在他设计的90多座建筑中，新国大楼会在这一点上体现得尤为明显，犹如矗立在水中的岛屿。巴瓦的另一座标志性建筑为位于马特勒的卢哈纳大学，该大学分散在一座丘陵之上。巴瓦于2003年去世，但是时至今日他对于斯里兰卡建筑的影响仍然非常深远。详细信息请参见 @ www.geoffreybawa.com网站。

神灵和鬼怪

年轻的泰米尔少女在寺庙前的空地上用力敲开纤维状的椰子果，然后喝下甘甜的椰汁。这种看似暴力的开椰子方法，其实是斯里兰卡一项古老的传统，椰子象征着人类的存在，砸开椰子象征着人类内心的纯净。斯里兰卡全国约13%的人信奉印度教，且他们几乎全部是泰米尔人。岛屿的北部和东部是印度教徒的主要聚居区，印度教神庙随处可见。印度教信仰永恒的轮回。另外，印度教徒相信，他们的灵魂在死后会附于一个新的躯体之上。个人在轮回生命中的行为决定其来世的命运。这一抽象的信仰使得印度教中存在各种各样的神灵和鬼怪，人们可以根据自己的喜好去供奉。最受欢迎的印度教神是湿婆，他的男性生殖器形象象征着生育、毁灭，同时也象征着禁欲。在许多庙中也供奉着湿婆的儿子战神（Skanda），他又名穆卢甘（Murugan）或者卡达拉加玛（Kataragama），他也是斯里兰卡强有力的守护者之一。

万能的棕榈和椰子

对于外国游客来说，在风中摇

斯里兰卡

曳的棕榈树枝是最具有异域风情的标志;而对于本土人们来说,棕榈树是非常实用的植物。全国约有6%的农业用地,即40平方千米都种着棕榈科植物。除茶叶和橡胶以外,椰子也是斯里兰卡重要的出口品。椰子树的用途多种多样:树干可以用来建造房屋和船只,树叶可以用来制作屋顶和编织材料,椰子外壳上的纤维可以用来编绳子、制作垫子以及制作刷子。椰子硬壳可以用来做杯子、勺子以及其他器皿。斯里兰卡的美食也离不开椰子,几乎所有的咖喱都是和椰肉(kobra)烹饪在一起。没有什么比黄金大椰子的新鲜椰汁和蒸馏过的棕榈汁制成的汗酒更可口的了。就连按摩的时候,斯里兰卡人也会使用压榨的椰子油。

狮子的孩子

一位漂亮的妇女、一个狮子父亲、一个被宠坏的孙子——僧伽罗人的古老传说像是宝莱坞电影剧本。一位印度公主离家出走,被一头狮子所引诱并怀上了狮子的孩子。她生下了一对龙凤胎,然后逃走了,儿子最终成功杀死了自己的狮子父亲,之后娶了自己的妹妹为妻,并且诞下王子维加雅。维加雅是一个没有教养的年轻人,因此被放逐到斯里兰卡。他之后娶了一位漂亮的恶魔,并成了狮子般的僧伽罗人的祖先。事实上,僧伽罗人的祖先来自印度东北部。公元前3世纪,他们开始信奉佛教。他们饱受殖民统治的摧残,在重新独立后,僧伽罗语成了一种独立的语言。现在全国有75%的人使用僧伽罗语。

斯里兰卡里的南印度

双体帆船、杧果和柚木有什么共同点?这些词语都来自泰米尔语。就连"咖喱"这个词都来自南印度语言。葡萄牙人和英国人将这些概念引入到这里。英国人的到来也使得许多南印度的泰米尔人在19世纪来到斯里兰卡的茶园工作。因为他们大多居住在高山里,因此当地人称他们为高地泰米尔人。另一部分泰米尔人的祖先在很久之前就到达了斯里兰卡北部,并在那里建立了自己的根据地。

无论是僧伽罗少女还是泰米尔少女都喜欢五彩缤纷的颜色

斯里兰卡面孔

这两种泰米尔人虽然同源，但是如今联系很少。北部泰米尔人因为其主要聚居区而被人称为贾夫纳泰米尔人，他们和南印度人的居住区仍然相距50千米。他们喜欢颜色艳丽的服装、五彩缤纷的印度寺庙和满怀希望的"柯莱坞"电影。"柯莱坞"这个名字来自南印度的宝莱坞，因位于金奈（Chennai）的电影之城柯达巴克卡姆（Kodambakkam）而得名。

环境保护

路边的塑料垃圾、臭气熏天的长途公交车、被污染了的海滩——这个热带天堂就是环境保护典型的反面例子。但是，随着环境保护组织日渐增多，人们的环保意识也逐渐增强。在旅游行业中，一些著名的连锁酒店品牌，如艾特肯彭斯（Aitken Spence）和杰特威（Jetwing），都有着很高的环境保护标准。斯里兰卡一直以来十分注重自然保护。在公元前3世纪，国王提婆南毗耶·帝沙（Devanampiya Tissa）就下令，禁止人们在密亨达勒（Mihintale）山区附近打猎。1500年后，波隆纳鲁沃的统治者做了同样的事情，并且严惩在王城附近射杀动物的行为。英国殖民统治者曾在这里对自然进行过掠夺式开采。无节制地大规模猎杀以及大面积地开垦以建造种植园使得动植物的生存环境受到威胁，因此，在1938年殖民政府将亚勒和维勒珀图（Wilpattu）设为自然保护区。如今，全国13%的土地都是自然保护区。

好的时刻，坏的时刻

"让我们今天中午出发吧！"这样的建议可能并不十分恰当，特别是当这一天12:06—13:36是"不幸的时刻"（Rahu Kalaya）的时候。僧伽罗人避免在这个时刻开始工作或者出发去旅行。这样的好时刻和坏时刻都是根据星象判断的，因此可以从天文学的角度准确地计算出来。但是这些时刻根据日期和地点的不同也是不尽相同的。因为计算十分复杂，所以僧伽罗人都会随身携带一本小日历，上面标出了每日的不同时刻。有些人则在手机上下载相关的软件来提醒自己。算时间对于要结婚的人十分重要，因为在选择伴侣和举行婚礼的时间上，有许多不太好的时刻。

美 食

当地传统美食受到了多种元素的影响——印度的、阿拉伯的、马来西亚的。无论是在煮锅里、碗里、煎锅里,还是在盘子中,这些菜都离不开咖喱。

殖民时期的统治者——葡萄牙人、荷兰人和少数的英国人——影响了当地的菜肴。大米配咖喱是一道传统菜肴,它口感很好,卖相也好,十分受欢迎。

当地的咖喱和在其他地区售卖的调味咖喱不同。在斯里兰卡,咖喱有双重意思,它是烘焙的和研磨的调料的混合,同时还和每道菜的主要食材一起构成这道菜名,如咖喱素菜(Vegetable Curry)、咖喱鸡肉(Chicken Curry)、咖喱牛肉(Beef Curry),偶尔也会出现咖喱猪肉(Pork Curry)。

在乡下,人们也会用颜色来命名菜肴。如白咖喱代表着用椰奶做的菜——口感细腻丝滑,仿佛是一道汤品;红咖喱这道菜里包含大量辣椒(辣椒粉);黑咖喱是最常见的,它里面含有烤制的香菜和茴香。

正是因为烘焙工艺决定着草药的

一些人喜欢吃辣,另一些人特别喜欢新鲜的海产品,人们根据自己的消费能力选择美食。

香气能否完美地散发出来,所以斯里兰卡菜肴中香料的烤制和其邻国印度菜的烤制方式有所不同。

辣椒(Chili)是很多菜品的基本调料,常被制为干辣椒或是辣椒粉。辣椒的种类多种多样——绿的、红的、大的、小的、粗的和细的。腌黄瓜(Pickles)在斯里兰卡菜肴中和印度菜中一样受欢迎,通常搭配配菜,如seeni sambola。这是一种混合的调料,里面包含辣椒粉,还有大蒜、豆蔻、干虾皮、姜、罗望子果肉。

根据菜肴的种类和厨师的喜好,厨师一般会在基本调料的基础上稍作调整,添加些其他东西,比如肉桂、丁香、豆蔻等。咖喱菜肴会盛在许多

斯里兰卡

特色美食

美食

咸芥末（Abba）——有咸味的芥末，一般作为肉菜的配菜或者是涂抹三明治的酱料。

椰奶煎饼（Appé）——面粉、酵母和椰奶制成的煎饼，也叫霍卜斯（Hoppers）。

秋葵什锦（Bandakka Curry）——带秋葵的素菜，在高地十分受欢迎。

荷兰发饼（Breudher）——来自荷兰的发面饼。

清黄油（Ghee）——低脂的黄油，是阿育吠陀（Ayurveda）菜中的重要食材。

菠萝蜜——十分有营养的果实，带有香甜的气味（上左图），用于调节气味很重的菜肴。

黄米（Kaha bath）——在椰奶中煮制，是斋食。

牛奶米饭（Kiribath）——通常配有磨碎的棕榈糖和肉桂（上右图）。

蕉叶包饭（Lampries）——将大米放在肉汤里煮熟，然后填入猪肉馅，用香蕉叶包起来。

锡兰配菜（Paripoo）——锡兰风情的、粥状的扁豆配菜，加上金枪鱼和姜黄，和咖喱一起搭配。

酥饼（Pattis）——小酥皮点心，传统的生日和聚会小吃。

椰奶球（Rasagullas）——椰奶馅的圆球形甜点。

咖喱大虾（Rathu Isso）——小虾带壳烤熟，配咖喱酱。

扁面包饼（Rotis）——扁面包饼，在斯里兰卡由碾磨的椰肉或者椰片制成，是常见的早餐。

特制布丁（Wattalapam）——棕榈花蜜、椰奶和调料（大多为肉桂）制成的布丁。

饮品

椰酒（Arrack）——蒸馏过的椰子花汁制成的白酒。

野酸奶（Curd）——野牛奶制成的酸奶。

椰奶——椰子汁，清凉爽口。

美食

小碗里同时端上桌。大部分的菜肴是温的,而非热的,与当地人饮食习惯不同的游客可能会抱怨菜肴的热度不够。人们盛上米饭,然后搭配着配菜一起吃:扁豆、茄子、黄瓜、面包果泥、精肉和海产品(如大虾、螃蟹)。同时还会有Pappadam(一种脆皮面包,里面夹着扁豆馅)。酸辣酱(Chutneys)是一种类似于果酱的调料,也是餐桌上的必备品,也可以用来缓解辣味。对缓解辣味功效显著的还有椰子丝,并且它也属于一道咖喱菜。热带水果也是当地餐桌上不可缺少的,比如木瓜、杧果、小香蕉和菠萝。

还没有成熟的椰果汁十分爽口

当地俗套 按照斯里兰卡人的风俗吃一次早餐吧。 椰奶煎饼是比较富有当地特色的早餐——空心的半圆形煎饼,由面粉、椰奶和椰子片制成。Stringhoppers则有些像包子。将两个鸡蛋摊在煎饼上就成了Egghoppers。搭配食用的有凝乳酸奶(Curd)和棕榈蜜(Kitul)。根据当地习俗,由干虾皮或者干鱼与辣椒粉、洋葱和油制成的调味酱料Chili-sambolas也是早餐桌上的必备之物。

大部分来这里度假的人都喜欢品尝新鲜的鱼或其他海鲜。在斯里兰卡,所有地点到海边的距离都小于130千米。因此,在高地的宾馆和酒店里,也会提供新鲜的鱼类和其他海鲜。在海边沙滩的小餐馆里,脚踩着沙子,头上是椰子树和热带星空,您可以品尝到烤大虾和可口的马鲛鱼(Seerfish,也叫西班牙鲭鱼),还有烤墨鱼和蒜蓉大螯虾。

本地的白啤(Three Coins或者Lion Lager)中规中矩,持续不断供应的茶(大多数和牛奶一起供应)十分好喝,大部分餐厅里的咖啡则不尽如人意。但是,随着这里的咖啡馆日渐增多,装配的咖啡机也越来越专业。甜品除了水果之外,还有可以作为餐后甜点的上乘之选,比如阿拉伯移民带来的阿鲁瓦(Aluwa),它是一种由黏米、棕榈糖、腰果、椰奶和许多其他调料制成的圆团。而来自马来西亚、印度尼西亚的穆斯林将一种带椰奶和腰果制成的糖浆布丁(Wattalapam)带到了岛上。在甜芝麻球塔拉古利(Thalaguli)中可以加入不同辅料,制成的糕点比比干(Bibikkan)也是不错的甜食。谁若是吃多了Puhul Dosi(一种甜味的腌南瓜),那您最好快去约个牙医,看看有没有长龋齿吧。来自南印度的泰米尔人带来了一系列的小吃。在斯里兰卡,人们管小吃叫Short eats,如罗蒂(Roti,一种带馅的煎饼)、夹着酸奶的馅饼(Thairu Vadai)、由红扁豆制成的用油煎制的平丸子(Parripu Vadai)。不论您什么时间饿了,都可以很快吃饱。此外,大部分的餐馆从早到晚都营业。

购 物

这个被居民称为天堂的岛屿,对于体验过泰国或者中国香港的购物爱好者来说却并不是天堂。因为这里有许多名牌商品的赝品,也有很多廉价的电子产品。但是,这里多种多样的传统手工艺品十分受欢迎,您可以轻松地买到不错的纪念品,将行李箱填满。在康提,您可以找到种类最丰富的商品(古董、手工艺品、首饰、蜡染、茶等)。公立的商店明码标价,也有固定的营业时间。与之相反,一些小的私人商店一般会开到很晚,周日也开门。私人商店的营业时间往往不规律。您若是想买到具有东方气息的斯里兰卡纪念品,就必须学会还价。基本原则是最终的付款价格一定要低于原价的70%!

宝石

斯里兰卡这个发着光的岛国自古以来就享有宝石之岛之称。游客在购买宝石的时候,一定不要被珠宝商的花言巧语所迷惑。这里从变石到黄水晶应有尽有。在拉特纳普勒的地下蕴藏着黄宝石、红宝石、蓝宝石和祖母绿。值得注意的是:您若是对于宝石不太了解,最好去有名的正规大商店购买,不要盲目听取想要赚外快的车夫(尤其是在康提)的建议。

调味料/茶

人们在市场上可以以便宜的价格买到调料和茶,但是质量一般不佳,尤其是市场上的茶叶。在连锁超市品牌凯尔斯(Kells)和嘉吉(Cargills)可以买到质量上乘的商品。在曼斯娜茶叶中心(Mlesna Tea Centres)可以购买到包装精美的商品,价格也相应较贵。在高地的调料花园或者茶叶种植园的商店里也可以买到质量上乘的商品。此外,装在精美瓶子中的烧酒也是受欢迎的纪念品。

化妆品

当地生产的香氛精油、香皂和

调味料、彩色的布料、香氛精油和木制的小象——都是岛上能买到的不错的伴手礼。

乳霜都是备受欢迎的伴手礼。在药店也可以找到相关商品，尤其是仙达来（Siddhalepa）的神奇香膏，据说可以缓解头痛和四肢酸痛。

手工艺品

在手工艺品中心（Arts and Craft Centres）和公立的拉卡拉（Laksala）商店有着丰富的商品。但是，木雕、椰壳制品和陶瓷制品、漆器、烟灰缸、盘子和蜡染制品（蜡染布料、针织品、被套、墙饰）已经有些过时了。您最好在私人商店和工厂购买手工艺品，许多地方也会展示制作过程。加勒和南岸地区因纺织而出名，安泊朗戈德（Ambalangoda）地区的面具制作十分出名。

纺织品

在斯里兰卡也可以找到国际品牌，在岛上可以找到种类丰富的便宜衣服，尤其是在科伦坡的购物中心里。在雄伟牌（Majestic）、自由牌（Liberty）或者欧黛尔和时尚虫（Fashion Bug）的分店，都可以找到不错的衣服。在大城市里，还可以找到本土的设计师品牌。本地品牌菩提蜡染（Buddhi Batiks）可以在32衣橱世界（32 Ward Place）找到；在拱廊独立广场（Arcade Independence Square）可以找到时髦的精品店。您若是想要穿具有南亚特色风情的服装，可以在特殊商店买到纱丽（南亚传统服饰）。在努沃勒埃利耶的捆包集市（Bale Bazaar）还可以找到暖和的夹克。

西海岸

　　斯里兰卡城市中最大、最繁华的地带位于西海岸,这里土地辽阔,位于尼甘布的环礁湖和科伦坡南部郊区拉维尼亚(Lavinia)和莫勒图沃(Moratuwa)山脉之间,是美丽、多样的代名词。

　　在从卡图纳耶克(Katunayake)机场出来的路上,也就是尼甘布浴场和渔村附近,去往市中心的交通一直十分拥挤和混乱,行人、自行车和三轮车穿梭在拥挤的街道中。城市形象在过去几年中也发生了巨大的改变,高楼拔地而起。

　　紧凑的现代化气息、异域风情、绿洲风光交织在一起,使得科伦坡成为热门旅游地点。葡萄牙人在尼甘布的宗教混杂区建造了许多天主教堂。循着荷兰人的踪迹也形成了许多有趣的旅游景点,比如肉桂航道、沙丘中的基督墓园以及各个时期地主的庄园。在去往环礁湖的船上或者乘坐快艇的时候,可以欣赏美丽的景色,同时也可以体验一把渔夫的生活。西海岸科伦坡北部是一段平坦的狭长地带,被数量庞大的河流隔开。凯勒尼河(Kelani Ganga)从科伦坡北部流向印度洋,被尼甘布的环礁湖分开。大部分日子的清晨,河边地区都蒙着一层雾气,还混合着雾霾。当视野清晰开阔的时候,可以看见东部腹地中的

上图:科伦坡最古老的购物商场——嘉吉

> 寺庙、教堂和沙滩——繁华的首都和周边地区唤起了人们对殖民时代的记忆。

山脉,这是亚当峰,也是当年印度航海家来到宝石之岛的标志和纪念。

科伦坡

(折页 B14)科伦坡及其郊区居住着200多万人,约占斯里兰卡总人口的1/10。

在英国统治时期,这里是通向东亚的重要交通枢纽。经过多年的抗争,这里成为承载着历史又充满了未来的中心城市。眼下,重大的突破和新面貌在城市中很多地段中显示出来。科伦坡令人惊喜,那里有许多值得欣赏的建筑,且每座建筑都展示着殖民时期的不同风范。

科伦坡这个名字很可能源于Kolamba,在僧伽罗语中,这个词是港口的意思。16世纪初,葡萄牙人占领了这座城市。直至17世纪中期,荷兰殖民者的活动范围扩大至斯里兰卡

斯里兰卡

繁华的街道

的肉桂花园,这才使得他们开始侵入科伦坡。但是,影响现存建筑风格和城市形象的还是英国人。从1796年2月15日占领科伦坡起,至1948年2月4日(国家独立日),英国人支配着这座城市。如今,城市逐渐换了新颜,殖民时期的宫殿则逐渐隐匿在背景当中。拉维尼亚山脉酒店(Hotels Mount Lavina)位于城市南部,距市中心约1小时车程,从酒店的露台上,可以看见国际贸易中心的高塔、锡兰银行和附近的高楼。

> **从这里出发**
> 荷兰医院:科伦坡最常见的交通工具是蹦蹦儿(打表计价:50卢比/千米)。乘坐蹦蹦儿可以去往科伦坡堡的国际贸易中心(World Trade Center)对面的荷兰医院,从那里出发,沿着直通贝塔(Pettah)的约克街(York Street)和其附近的街道可以感受殖民风情。

景点

荷兰殖民博物馆(Dutch Period Museum)

自1982年以来,贝塔中心一个超过300年古老而又宁静的庭院便是荷兰殖民博物馆的所在地。从这里的墓碑和铭文上可以了解多位荷兰统治者的生平事迹。这里展出有热带木材制成的家具和象牙制品,除此之外还有文件、地图和图片。🕐 周二至周六 9:00—17:00 ¥ 门票500卢比 🏠 95 Prince Street

西海岸

堡垒区 ★

为了给海港和行政大楼更多的空间，1872年人们拆除了矗立在海中的城堡及其围墙。传奇般的东方大酒店（Grand Oriental Hotel）位于约克街和教堂街（Church Street）的拐角处，从酒店四楼的海港视野餐厅（Harbour View Restaurant）可以将海港美景尽收眼底。该酒店也是散步起点的首选，之后沿着约克街漫步，可以看到街上最古老的百货大楼——嘉吉大楼。种植园主、军官和殖民时期的官员都从这里购买进口商品。右拐进入马达利奇马瓦（Mudalige Mawatha）街道，会经过漂亮的银行大楼；然后进入总司令街（Janadhipathi Mawatha），这里有曾经的殖民统治者宅邸（如今是总统住宅），以及辉煌的旧邮政大楼。街角处像1857年建成的灯塔那样的建筑已经十分少见了。不远处，位于医院街（Hospital Street）和国际贸易中心之间的是17世纪建成的 <mark>荷兰医院</mark>。如今这里汇聚了餐厅、精品服装店、咖啡馆以及斯里兰卡水疗馆分店。

加勒菲斯绿（Galle Face Green）

在周末和月圆之夜，海边的广场都会聚集很多当地人。孩子们放风筝，家长和年轻人闲逛、买鸡蛋、烘焙坚果，或者看看杂耍的人。当地人热情好客，游客在这里经常会被好奇的当地人搭讪。

独立纪念堂（Independence Memorial Hall）

1948年2月1日，在这座仿照旧日皇家会堂而建的建筑里，召开了锡兰国会第一次会议。墙上的浮雕描绘了这个国家的历史。在会堂前面，矗立着前总理杜德利·谢尔顿·森纳那亚克（Dudley Shelton Senanayake）的纪念碑。这个充满历史气息的地方是年轻人喜爱的聚集地。在不远处的独立大街（Independence Avenue），有拱廊独立广场。这片于1875年兴建的殖

必游景点

★堡垒区
科伦坡最古老的购物大楼和传奇的酒店令人回忆起英国殖民时期。→ P.37

★殖民时期的科伦坡
国家博物馆和市政厅附近的殖民时期的白色华丽建筑不仅仅令喜欢怀旧风的游客着迷。→ P.38

★贝塔
深受穆斯林影响的集市区、拥挤的小巷、令人大吃一惊的商店、只有亚洲人的印度教寺庙和清真寺……这里人来人往、熙熙攘攘。→ P.38

★加勒菲斯酒店
有怀旧风格的酒店和精致的高茶。→P.43

★荷兰运河（Dutch Canal）
尼甘布的肉桂运河——120千米长、生机勃勃的旧日伊甸园——适合骑行的人。→P.43

★克拉尼亚大佛寺
美丽的佛教寺庙区位于科伦坡附近，信徒们每日都在像前摆上鲜花。这里也是1月月圆之日佛牙节的大型活动现场。→ P.44

斯里兰卡

民风格建筑群多年以来用作安置精神病人的场所，后来改造为政府机构。自2014年全面整修以来，这里还增加了餐厅、精品时装店和一座电影院。

殖民时期的科伦坡 ★

在行政大楼外的旧酒店和堡垒区里，白色的华丽建筑散落在国家博物馆和市政厅周围，深受怀旧爱好者的喜爱。市长住宅（原来的图书馆）和国会招待所的房子尤其漂亮。房子斜对面是博物馆和市政厅。博物馆前面竖立着威廉·格里高利爵士（Sir William Gregory）纪念碑。市政厅是1927—1928年按照华盛顿美国国会大厦建造的。在土路（Main Street）和煤气厂路（Gaswork Street）交会处，有一栋既现代又有异域风情的摩尔风格的精美建筑——旧市政厅。旧市政厅旁边便是当时的市场厅，旧市政厅在1873—1928年期间，为这座城市做出了许多贡献。这之后，如今的市政厅投入使用，选址为旧日的维多利亚公园（Victoria Park），如今名为维哈拉·马哈·德维公园（Vihara Maha Devi Park）。

国家博物馆

单从外观来看，白色的建筑加上经典的殖民时期风格，就已经算独具一格的景点了。博物馆内部更是展出了史前时期和早期的斯里兰卡风貌（第二展厅），古王城阿努拉德普勒的宗教艺术（第三展厅）和波隆纳鲁沃古城宗教艺术（第四展厅），以及各种来自康提的艺术品和世界上其他国家赠送的艺术品（第六、七展厅），还有来自其他文化名城的物品（第五展厅）。一个小展厅展示了佛教的象征，也介绍了斯里兰卡几个重要的宗教。除此之外，博物馆里还珍藏了许多艺术品和民间艺术品。

🕘 每日9:00—17:00　¥ 门票1000卢比　🏠 Sir Marcus Fernando Mawatha

贝塔 ★

穆斯林和泰米尔商贩遍布整个集市区，集市从海港到火车站再延伸到客运中心。在主街上，集市与堡垒紧紧相连，步行即可到达。门口处有一座钟楼，之后会看到许多条路：嘉宝路（Gabo Lane）主要出售阿育吠陀天然药材，在海洋街（Sea Street）上，人们可以找到许多珠宝和黄金售

征婚启事

"生活富裕的家长，虔诚的佛教徒，正在为我们的儿子——一名27岁，身高1.75米，且不抽烟的软件工程师，寻找一位苗条出挑的新娘。在MG7194下查看更多关于我们家和我们儿子的信息。"这是一条典型的征婚启事。每到周日，成百上千条这样的征婚启事会出现在报纸上。您还可以通过它们了解到斯里兰卡中产阶级以及"上层社会"的思想和社会关系。找儿媳或者找女婿关系到许多问题。一般都是母亲出面，考察未来的儿媳或者女婿，但却不会给两个年轻人留下单独相处、了解的时间。

西海岸

国家博物馆的异域风情浓厚

卖商。众多印度教寺庙为贝塔增添了宗教气息。最有趣的是位于海洋街上的新印度庙（Sri New Kathiresan Kovil），里面供奉了战神，还有建于1909年的杰米乌尔阿尔法特（Jami ul Alfar Street/Bankshall Street 🏠 2nd Cross），它由红白相间的砖堆砌而成，带有一个钟楼，这里是人们最喜爱的拍照地点。集市的高峰期是10:00—12:00之间以及16:00以后。

水中庙和甘加拉玛雅寺

建于1978年的水中庙（Seema Malaka）就像是一座矗立在贝勒湖（Beira Lake）中央的小岛。这座简单的木亭子属于在马路对面1885年建成的甘加拉玛雅寺的一部分。庙中供奉着佛祖，庙中还有一棵菩提树，僧侣的出家仪式就在这里举行。到了每年2月的月圆之日（Navam Poya），●僧侣、舞者和大象会穿过马路走到甘加拉玛雅寺（Gangaramaya）。🕐 每日5:30—23:00 ¥ 门票300卢比 🏠 Sir James Peiris Mawatha

沃尔夫达尔教堂（Wolfendahl-Church）

从贝塔出发，沿着沃尔夫达尔路向上走到一个山丘上，可以看到一座保存完好的教堂。这座"十"字形的教堂在如此繁华的区域里显得有些格格不入。但是，1749年它在一座葡萄牙教堂的基础上建立起来的时候，周边的环境与现在不尽相同。官方没有公开可供游人参观的时间，但是大部分时候，都会有人负责开放和关闭教

斯里兰卡

在古城区贝塔的集市上，商贩与顾客讨价还价

堂（并且希望可以得到200卢比以上的小费）。

美食

库布克咖啡（Café Kumbuk）

当瑜伽爱好者在普拉纳（Prana Lounge @ www.pranalounge.lk）做瑜伽的时候，您可以在旁边的库布克咖啡厅里享用一杯可口的奶昔或者卡布奇诺。这里的早餐也十分可口。素食者在这里也可以找到适合他们的食物，并且食材大多来自当地。普拉纳和咖啡厅的风格也十分一致，都在一座漂亮的殖民时期的别墅中。
🏠 60 Horton Place ☎ 011 2 68 53 10 @ www.cafekumbuk.com ¥ ¥¥

旗帜与哨子（Flag & Whistle）

该餐厅位于赛特米尔（Setmil）大楼的第5层，可以看到港口美丽的景色。该餐厅的高顶和大落地窗使它显得十分现代。这里的酒吧和啤酒花园很热闹。在这里没有严格的着装要求，运动休闲服饰即可。🏠 256 Srimath Ramanathan Mawatha ☎ 01 12 48 55 00 ¥ ¥¥¥

当地推荐 ▶ 火烈鸟之屋（Flamingo House）

这里画着火烈鸟，且这里面也有火烈鸟。火烈鸟经常出现在这家餐厅里，比如屋顶上的火烈鸟涂绘，还好它们没有出现在菜单里。这里的汉堡、意面和其他海产品口味新鲜、颜色多样。留着点肚子尝尝火龙果慕斯和其他甜品吧，吧台处也提供鸡尾

西海岸

酒。🏠 58/4 Horton Place 📞 07 78 59 77 66 ¥ ¥¥~¥¥¥

画廊咖啡（Gallery Café）

这是年轻人最爱的餐厅。人们不在乎昏暗的灯光，只为在这个像帐篷一般的餐厅里找到一个座位。这家餐厅很有特点——很时髦！菜肴有地中海风格和亚洲风格。🏠 2 Alfred House Road 📞 01 12 58 21 62 ¥ ¥¥¥

鲁维的沫沫（Momo's by Ruvi）

这里有尼泊尔风味的施瓦本汤饺。这家餐厅隐藏在团结广场（Unity Plaza）对面的小胡同里。沫沫（Momo）的意思是肉馅或者素馅饺子。享用过程中可以蘸多种酱料。🏠 43/1D Majestic Avenue, Galle Road 📞 07 65 20 48 67 ¥ ¥

美食/住宿

科伦坡肉桂红酒店（Cinnamon Red Clomobo）

酒店位于科伦坡中心地带，地理位置优越，房间设施非常现代化，安静舒适。泳池位于顶楼，并设有天台吧，小酌一杯别有一般风情。🏠 59 Ananda Coomaraswamy Mawatha, Colombo 03 📞 01 12 14 51 45 ¥ 18000~30000卢比

螃蟹部（Ministry of Crab）

网传这是斯里兰卡唯一的米其林三星餐厅。采用新鲜青蟹，鲜嫩多汁，很受游客欢迎，最好提前3天以上预订。🏠 Old Dutch Hospital, Fort，Colombo 01 📞 01 12 34 27 22 ¥ 10000~15000卢比

购物

在贝塔的集市上，您可以很容易地找到一些当地的小玩意儿。虽然位于约克路上殖民时期的购物大楼——嘉吉也吸引了不少考古爱好者，但是里面的产品却不尽如人意。相比之下，旁边的拉卡拉选择更加多样，除了俗套的商品外，还有精美的手工艺术品。

赤脚（Barefoot）

巴巴拉·桑索尼（Barbara Sansoni）是科伦坡十分著名的、独具见解的设计师，她的品位十分优秀，设计出来的产品也会带给人们惊喜。这里有漂亮的针织品（床上用品）、布料、古怪的小玩意儿（如用大象排泄物做成的纸以及由此装订而成的笔记本）、各种各样的明信片和关于斯里兰卡的书籍。在大楼后面还有一家花园咖啡厅。🏠 704 Galle Road

欧黛尔

它属于全品类商店，商品比较高端，但是并不十分昂贵。潮流服饰、鞋子和首饰，以及书籍、茶叶都是不错的伴手礼。🏠 5 Alexandra Place

当地锦囊 天堂路（Paradise Road）

这里有高端手工艺术品、古董和一些新潮的物件，大部分都出自本地的艺术家之手。里面还有一家小快餐厅（🏠 213 Dharmalpala Mawatha）。这里还有一家录音工作室，也出售相关器材。🏠 12 Alfred House Garden, Gallery Café旁边

斯里兰卡

斯里兰卡独具特色的蹦蹦儿车

当地锦囊 赛林
这里有五彩缤纷的布料、裙子、玩具和棉花制成的装饰品，这些商品的收入一部分会用来支持制作这些商品的女性。商店位于库鲁内格勒（Kurunegala）附近。🏠 102 Fife Road @ www.selyn.lk

当地锦囊 北回归线
这家小精品店里的一切都和北回归线有关。里面的物品由著名的设计师麦纳姆·阿克拉姆（Minham Akram）设计，从女士的夏裙到时髦的男帽，采用了许多麻绳元素且价格合理。🏠 1 Wijerama Mawatha ☎ 011 2 67 29 72 @ www.tropicoflinen.com

户外活动

皇家科伦坡（Regal Colombo）
装饰派艺术影院建于20世纪30年代，主要展映斯里兰卡本地出品的电影。您可能并不能看懂电影内容，但是这里的氛围很好，值得一去。另外，在这里您可以很快地接触到当地人。🏠 8 Sir Chittampalam A. Gardiner Mawatha ☎ 01 12 43 29 36

锡兰水疗馆
在一些高端场所，如荷兰医院或者马厩街公园（Park Streets Mews），您可以在里面的水疗馆自由选择您的项目，如按摩或者其他阿育吠陀疗法。这些地方同时也出售高品质的保健和美容产品。🏠 Dutch Hospital, Courtyard II, Hospital Street ⏰ 每日 10:00—23:00 ☎ 01 12 44 19 31和5 66 66 63 🏠 Park Street Mews, 48D Park Street ☎ 01 15 34 00 11和2 30 76 76 @ www.spaceylon.com

坐着蹦蹦儿环城游
坐着蹦蹦儿，花差不多1.5小时您就可以穿过岛上的大城市，途经许多著名景点、市场和总是拥堵的道路。司机穿着仿古的服饰，风趣幽默，蹦蹦儿带着帆布顶棚和音响设备。请您要么在上午的工作时间启程，要么在下午高峰期时游览。🏠 Tuk Tuk Safari Sri Lanka ☎ 07 77 00 27 22 @ www.tuktuksafarisrilanka.com

夜生活

"酷"伦坡的夜生活十分有趣。在节奏布鲁斯（Rhythm &

西海岸

Blues (🏠 19/1 Daisy Villa Avenue/R.A.de Mel Mawatha)里有现场音乐和DJ。除此之外,还有一些不错的酒吧和夜店,如曲线(Curve 🏠 1 Park Street)、爱之吧(Love Bar 🏠 58 A Horton Place)和光盘(Disques 🏠 Racecourse Promenade)。就像许多大城市一样,这里的屋顶酒吧也流行起来。除此之外,还有在科伦坡OZO的14屡廊吧(ON 14 Rooftop Lounge 🏠 36–38 Clifford Place)。

住宿

这里的住宿情况如何?不论是一个便宜的宾馆(10美元便可以得到一个床位),还是带着屋顶酒吧的酒店(比如科伦坡杰特威七酒店和辛纳蒙红酒店),抑或是像加勒菲斯酒店或天堂路廷塔杰尔一样具有复古风情的酒店,又或者是像科伦坡香格里拉大酒店(Shangri-La Colombo)和OZO一样的带海景房的酒店,都能带给您极致的体验。科伦坡提供了各种各样的选择,您可以根据您的预算和偏好自由选择。

床铺酒店(Bunkyard Hostels)

一些旧铁轨,墙上的一辆蹦蹦儿,都展示着包豪斯设计风格。此外还有独特的休息角,丰富的色彩。每间房里有2~12张床,酒店里设有小厨房和洗衣机。共有8间客房。🏠 20A Guildford Crescent 📞 077 7 30 28 65 @ www.bunkyardhostels.com ¥ ¥

加勒菲斯酒店★

这家岛上最古老的旅店建于1864年,也是殖民酒店的一个传奇之作。您可以在咸水泳池中放松,也可以参观自带的博物馆。无论您是否在这里入住,您一定要坐在阳台上享用一顿●丰盛的早餐,或者下午在那里享受高茶(High Tea),抑或是在跳棋酒吧(Checkerboard Bar)喝一杯日落酒。共有147间客房。🏠 2 Galle Road 📞 011 2 54 10 10 @ www.gallefacehotel.com ¥ ¥¥¥

尤佳消遣酒店(Residence by Uga Escapes)

这栋殖民时期的别墅离贝勒湖不远,如今已有250年历史,历史气息浓厚。别墅中带有11个房间和1个带泳池的套房,算得上是闹市中的栖身之所。🏠 20 Park Street 📞 01 12 33 13 22 @ www.ugaescapes.com ¥ ¥¥¥

问询中心

斯里兰卡旅游发展局(Sri Lanka Tourism Promotion Bureau)

🏠 80 Galle Road 📞 011 2 43 70 59 @ www.srilanka.travel

周边景点

荷兰运河★(折页B13-14)

在科伦坡及其北120千米普塔勒姆(Puttalam)之间的地方能看到在300多年前荷兰人都建造了什么。当时为了运送生长在内陆西岸和南岸的肉桂,他们专门建造了一条运河。人们可以沿着运河骑车,或者坐船游览,一路上都会闻到肉桂的香味。但是不得不承认,这里的污染问题也比

斯里兰卡

克拉尼亚大佛寺（Kelaniya Temple）的壁画

较严重。

克拉尼亚大佛寺★（折页C14）

克拉尼亚河畔克拉尼亚大佛寺距科伦坡中心只有10千米，是信仰者心目中的圣地。它可以与康提的佛牙寺和古王城阿努拉德普勒的菩提树相媲美。大佛寺这个名字来源于一个传说：佛祖在克拉尼亚登上王座，这据说是白色舍利塔下的圣骨盒。信徒每日都在塑像前摆上鲜花，尤其是在满月的日子。¥门票免费

拉维尼亚山脉酒店（折页B14）

应该感谢这家酒店，因为其使得城市南部的浴场和别墅区变得出名。1877年，这家宾馆开在了一座白色的华丽建筑内，在70多年前托马斯·梅特兰（Thomas Maitland）建造了第二个宅邸。100多年来，拉维尼亚山脉酒店一直被誉为是亚洲传奇般的殖民时代酒店（226间客房 🏠 100 Hotel Road 📞 01 12 71 17 11 @ www.mountlaviniahotel.com ¥ ￥￥￥）。这座20世纪80年代的建筑属于狂野风格，虽然谈不上出众，但是它仍体现出一种没落的拿破仑一世时代的古典艺术风格。在下午的时候，您若是从泳池露台看海，或者从科伦坡的高楼远眺，便可以发现这个地方的魅力。很宽但是不太长的酒店沙滩经过了精心的打理。离酒店不远处便是热门的 当地锦囊 船屋咖啡店（🏠 37 Beach

西海岸

Road(☏011 2 73 27 55），这家咖啡厅位于酒店的沙滩上，颇具海滩风情，里面的海鲜也十分美味。

尼甘布

（折页B13）尼甘布是一座浴场城市，如果算上郊区则可算作是大城市（人口超过10万）。在20世纪70年代，这里开始发展旅游业。

长久以来尼甘布都属于中型城市。但是最近，这里的整体质量提升了一个档次——新建的酒店、优质的沙滩以及丰富的夜生活，吸引了不少高要求的游客。尼甘布也十分适合作为旅行的第一站或者最后一站，因为这里距机场仅10千米。葡萄牙人和荷兰人在这里建立的渔民区生机勃勃，里面还有市场、教堂和殖民时期建筑。

景点

鱼市

这里散发着腥臭味，泥泞不堪、人声嘈杂，这是斯里兰卡鱼市的普遍现象。尼甘布的鱼市是斯里兰卡最大的，也是最有趣的鱼市。从清晨到将近11点，这里都十分热闹。从鲨鱼到金枪鱼，这里应有尽有。在传统小船上还有许多刚捕捞上来的鱼，比运到市场上的还新鲜。这些带着棕色桅杆的船只十分适合拍照。

美食

罗马假日餐厅 ●

这家小餐厅位于沙滩上，老板是意大利人。他和他的斯里兰卡妻子两人亲自制作比萨、意面和海鲜，这里的甜品和糕点也很美味。这里还非常适合享用早餐，周五晚上在小花园里还有现场音乐。🏠 27 Poruthota Road ☏ 031 2 27 49 68 ¥

当地精美 ▶ 生蚝（Oysters）

塞巴斯蒂安（Sebastian）在美国做大厨已有数年，直到他接管父母的店铺，便为店铺注入了新鲜的想法：开放式的可视厨房、清脆爽口的沙拉、最好的汉堡。这里也承办私人聚会。🏠 94 Poruthota Road, Ethukala ☏ 077 7 28 80 11 ¥ ¥~¥¥

斯里兰卡

夜生活

贵族餐厅（The Lords Restaurant）
这里氛围幽雅，提供亚餐和海鲜。人们还可以去酒吧或者走廊消遣。🏠 80 B Poruthota Road

竞技者（Rodeo）
这里西式风格浓郁，是住在这里的欧洲人的聚集地，有美食（牛排）和种类丰富的饮品。🏠 35A Poruthota Road

住宿

白熊（The Icebear）
这里非常适合想要享受热带风情的客人。8个舒适的房间以及2套假日小屋环绕着1座花园而建，且紧邻着海。19点后提供晚餐。您若是还想出去遛遛，这里还有免费的自行车。🏠 95/2 Lewis Place @ www.icebearhotel.net ¥ ¥~¥¥

阿拉里亚别墅（Villa Araliya）
这个度假村到海边只需步行几分钟的时间，带有13个房间和5套家庭公寓、1个泳池和1家餐厅。餐厅供应可口的海产品和比萨。🏠 Kochchikade，市中心以南5千米 ☎ 031 2 27 76 50 ¥ ¥¥

周边景点

卡尔皮蒂耶（折页B8-9）
狭长的卡尔皮蒂耶半岛位于尼甘布以北130千米处，将普塔勒姆潟湖和公海分开。如今，这里因其岛上的风力而吸引了国际上不少风筝冲浪爱好者（全年可以进行冲浪，最好的时间是5~10月）。如今岛上，已有十几家旅店和风筝冲浪处。比较好的几家有：AAA风筝冲浪（AAA Kiteboarding ☎ 071 5 70 21 65 @ www.aaa-kite.com）和兰卡风筝冲浪（Kitesurfing Lanka ☎ 077 3 68 62 35 @ www.kitesurfinglanka.com）。水底也是一个有趣的世界，有一家酒吧就在水底，其周围环绕着珊瑚礁。除此之外，这里是 ==当地推荐== 观察海豚的绝佳地方，其因成群的海豚时常跃出海面而十分出名。

位于塔劳拉（Talawila）的圣安娜教堂是著名的基督教朝圣之地。这里的住宿可能不会很便宜，但是环境很好，如帕拉嘎玛海滩酒店（Palagama Beach 🏠 12 Palmyra Ave., Ettalai,

---

省钱有道

周末在维哈马哈德维公园（Viharamahadevi Park）南侧科伦坡库马拉斯瓦米的街道上，有斯里兰卡最长的画廊，在这里您可以花很少的钱，欣赏到超值的艺术品。

在新月大道（🏠 75 Galle Road, Colombo）购物中心的地下，有一家名为美食摊点的餐厅，里面提供了丰富的选择，最便宜的才不到人民币12元。

科伦坡拉维尼亚海滩旅店（Colombo Lavinia Beach Hostel 🏠 6 A Samudra Mawatha, Off Beach Road, Mount Lavinia ☎ 011 5 73 13 06）距离沙滩只需要几分钟的步行路程，共4个房间，每个房间里有3~6张床。

西海岸

下午时分,渔船满载而归,重新靠岸

Alankuda ☎ 077 3 78 17 82 @ www.palagamabeach.com)拥有16个房间,位于海岸上的棕榈树平房里,还带有颜色鲜艳的走廊、巨大的泳池以及热带风情的酒吧。

库姆都谷度假村(Kumudu Valley)(折页 B12)

这里汇聚了最受欢迎的水上运动,尤其是在冬天(每年11月至次年4月)。在廷亚的交汇处,尼甘布以北5千米的地方开设了一家滑水、风筝冲浪和尾波板训练营(☎ 077 7 36 24 58 @ www.wakeboardcamps.com)。尾波板是一项滑板运动的水上形式,滑板被一艘船拖着,人们站在滑板上。这里的氛围十分轻松。这些参与者要么住在库姆都谷度假村的10间套房中(🏠 Thaldeka Road, Naimadana ☎ 031 22 52 27 @ www.kumuduvalley.com ¥¥¥),要么就住在附近便宜的酒店里。

马勒维勒(Marawila)(折页 B12)

尼甘布以北约20千米处的岸边小村庄以其蜡染商品而出名。在马勒维勒,也有一家著名的蜡染工厂——菩提。在这里以及距离尼甘布更近的怀卡尔(Waikkal),酒店经常接待旅游团,如中档酒店海豚(Dolphin,共有148间客房 🏠 Kammal South, Waikkal ☎ 031 2 27 77 88 @ www.serendibleisure.com ¥¥¥)和蓝薇利度假村(Ranweli Holiday Village,共有84间客房 🏠 Waikkal ☎ 031 2 27 73 59 @ www.ranweli.com ¥¥¥)。

怀卡尔和马勒维勒地区 当地精费 更加原始,沙滩很长且没有什么人工改造的痕迹。运河和环礁湖从这片热带腹地穿过,这里还有无尽的椰子树。

南 部

　　这片海滩是游客最常来的地方,这里有热带沙漠景观,也有美不胜收的海港,并且没有高楼大厦遮住视野。这片沙滩上还坐落着几座有殖民风格的古城。

　　荷兰人统治时期的加勒古城最漂亮。贝鲁沃勒(Beruwala)、阿卢特格默(Alutgama)和本托特附近的小村庄也靠着商店、裁缝店、酒吧,村庄和酒店共同繁荣发展。在卡卢特勒(Kalutara)和加勒之间,以及再向南和东南方向走去,这些地方的酒店、旅店和餐厅都努力在台风过后恢复重建。希克杜沃和乌纳瓦图纳(Unawatuna)有许多海滩区域,十分适合喜欢聚会的人们;而马特勒以东的幽静小海湾和海滩,特别是美瑞莎,则更适合喜欢安静的人们。

本托特/贝鲁沃勒

　　(折页 C16)科伦坡向南60千米,一条长长的棕榈大道和沙滩并行,一同向远方延伸。本托特和贝鲁沃勒是斯里兰卡最著名的浴场。现在阿卢特格默小浴场也逐渐发展起来。

　　在20世纪70年代的时候本托特河

上图:本托特的沙滩

梦幻般的沙滩和绿色的腹地——斯里兰卡南部充满了自然的气息。

和大海之间狭长的沙滩就已经为游客开发好了。这里有许多酒店和宾馆。水上运动爱好者在这里也可以找到适合自己的项目：这里适合潜水，也适合乘船游。人们乘船走得越远，原始的气息越浓厚。厌倦了总是坐在甲板上游览的人，可以起个大早，乘坐码头边的小船，穿越热带天堂。此外，本托特河同样也是鸟类的天堂。

需要注意的是，这里的海域时常起浪。不仅海上有季风，海下也同样暗流涌动。因此，游客们一定要认真对待当地的警告。

景点

贝鲁沃勒的鱼市

在旧清真寺旁边的港口上，每日清晨都上演着引人注目的一幕。渔夫们在沙滩上处理着打捞上来的梭子

斯里兰卡

贝鲁沃勒的卡其姆利清真寺是岛上最古老的清真寺

鱼、剑鱼、鲨鱼和金枪鱼,有时候还有小型的鲸鱼。推荐 当地推荐 乘坐小船去往灯塔,灯塔矗立在一座礁石旁边。这趟旅行花费很少(大概在1.5美元),时间也很短,只有几分钟,但是从塔顶看去,可以看到清真寺、海港、椰子树和沙滩等美景。

卡其姆利清真寺(Kachchimalai)

斯里兰卡最古老的清真寺位于半岛上的贝鲁沃勒。从露台上可以看到梦幻海港以及西南海岸美丽的景色。据说这座清真寺建于13世纪。贝鲁沃勒至今还保留着穆斯林的一些传统。
⊙每日8:00—18:00

美食/住宿

在贝鲁沃勒和因杜鲁瓦(Indurawa)之间,沿着本托特以南的A2公路可以看到许多小餐厅。小旅店提供的菜肴可口,并且价格便宜。您可以在当地购买新鲜的鱼类,然后让老板做成菜(¥¥)。

阿育吠陀阿依达酒店(Aida-Ayurveda)

本托特河上占地面积巨大的度假村有不错的名声。这里的氛围、医生和疗效都很好。酒店有1个带泳池的花园(41间客房 🏠 2 A Mangoda Mawatha 📞 03 42 27 11 37 @ www.aidaayurveda.com ¥¥~¥¥¥)。比这家酒店小很多的是其以北10分钟车程远的位于因杜鲁瓦的阿依达2号(Aida 2 📞 034 2 27 18 88 ¥¥~¥¥¥),这家酒店只有10个房间。缺点就是加勒路上的噪声在夜晚有些恼人。

南部

您好瑞士兰卡（Ayubowan Swiss Lanka）

本托特南部，距离海滩100米的地方是一家受到家庭游客喜爱的酒店。游泳池位于热带花园中间，9间价位不同的房间给人们提供了多样的选择。🏠 171 Galle Road 📞 03 42 27 59 13 @ www.ayubowan.ch ¥ ¥~¥¥

荷马旦酒店（Hemadan）

气氛友好的酒店紧邻本托特河，且在阿卢特格默有一家餐厅。这里有最好的大螯虾和烤大虾。店家十分热情，会告诉游客关于坐船游览的信息。10间客房 🏠 25 A River Avenue 📞 03 42 27 53 20 @ www.hotelhemadan.com ¥ ¥

当地推荐 新加拉惹面包店和餐厅（Singharaja Bakery&Restaurant）

海因茨·豪斯奥特尔（Heinz Hausottel）掌管着西海岸最好的烘焙店。地下有点心和面包，楼上有一家干净的自助餐厅。🏠 120 Galle Road ¥ ¥~¥¥

本托特·泰姬的维梵塔酒店（Vivanta by Taj-Bentota）

这家酒店算得上是西南海岸所有大型酒店中最舒适的一家。它的地势较高，带有一个大花园以及其他设施，可以满足高要求的顾客。同其他沙滩上的酒店一样，这里会时不时地有火车经过，但是人们几乎听不见汽笛声。162间客房 📞 034 5 55 55 55 @ www.vivantabytaj.com ¥ ¥¥¥

户外活动

本托特俱乐部（Bentota Club）

本托特度假村被誉为"水上运动的首都"。它位于本托特河和大海之间的沙洲上。这里的水上运动种类丰富，不在这里住宿的客人也可以在此预订这些活动。🏠 Paradise Island, Alutgama 📞 03 42 27 51 67 @ www.clubbentota.com

阳光水上运动（Sunshine Watersports）

冈瓦尔迪纳（Thusal Gunawardena）和他年轻的团队提供了滑行车和滑水板等各种项目，他们可以提供让游客享受到度假乐趣的任何项目，包括潜水和冲浪课程。🏠 River Avenue, Alutgama 📞 03 44 28 93 79 @ www.sunshinewatersports.net

周边景点

阿洪加拉（Ahungalla）（折页C17）

阿洪加拉位于距离本托特以南

必游景点

★ **简易花园**
大自然爱好者的天堂。→ P.52

★ **加勒古城**
生机勃勃的露天博物馆是殖民时代的见证者。→ P.52

★ **美瑞莎**
梦幻沙滩上的超值住所和餐厅。→ P.54

★ **西亚拉国家公园**
大象、水牛、蜥蜴和鸟类的保护区。→ P.56

斯里兰卡

15千米处的长沙滩，附近只有棕榈树，就没有其他阻挡远观的东西了。这里是本托特和加勒之间最漂亮的一段沙滩。您若是想在沙滩上散步，那么就要做好心理准备，因为沙滩上有很多拉客的人，也有滔滔不绝的导游和一些行乞的人。莲花别墅（Lotus Villa 162/19 Wathuregama, Ahungalla 091 2 26 40 82 @www.lotus-villa.com ¥¥）是这片海滩上著名的阿育吠陀度假村之一，共有14个房间。

安泊朗戈德（折页C17）

安泊朗戈德（距离本托特以南22千米）因其熙熙攘攘的集市、一座荷兰时期的教堂和渔夫木船而被人们视为旅行胜地。这里做面具的店面十分著名。这里传统的家族企业是阿里亚帕拉（Ariyapala & Sons 426 Patabendimulla），他们还开设了一家面具博物馆（ 8:00—18:00 门票免费）。

简易花园★●（折页C16）

这个公园位于本托特东北10千米的地方，是古怪的生活艺术家贝维斯·芭瓦（1992年去世）生前的庇护所。从城区阿卢特格默向东出发，可以穿过穆斯林村庄和橡胶种植园。 每日9:00—17:00 门票1000卢比

卡卢特勒（折页C15）

这座城市（11万人口）位于本托特以北31千米处，一座佛牙塔在城市里静静矗立。信奉佛教的司机都会在这里短暂驻足，祭祀亡灵。他们向箱子里投几枚硬币，或是在神像前摆上一捧鲜花。所有这一切都是为了祈求一路平安，顺利归家。

加勒

（折页D18）这座城市的古城区建于荷兰统治时期（17—18世纪），至今保存完好，宛若一座活的露天博物馆，和现代化的大城市（12万人口）形成了鲜明的对比。

近些年来，这里的城堡逐渐被人关注。这里开设了新的精品店和咖啡馆，旧房子也被改造为高雅的酒店。其中1865年建立的新东方大酒店（New Oriental Hotel）是南岸最著名的酒店。

景点

加勒古城★

绕着长满绿草的城堡外围墙和当地人一起走一走，从堡垒的新大门逆时针方向看出去，月亮、星星和太阳在一天的不同时刻显现在苍穹下。经过灯塔就来到了当时的新东方大酒店。堡垒建于16世纪，但是葡萄牙人在岩石（僧伽罗语gala）上建造了一个小的堡垒，并在gala的基础上将其取名为gallo（葡萄牙语，译为鸡）。这里仍然可以看见城市徽章，就刻在城门的内侧。从1640—1796年，荷兰殖民者又刻上了自己的印记。他们将堡垒拆除，并建造了教堂。您一定要去看一下格罗特·科克（Groote Kerk），这座1755年建成的教堂。其内部十分凉爽，可以避暑。您也许还会找到捐赠者女儿受洗时穿的裙子。

从灯塔出发，您可以步行经过教堂街，穿过教堂路口，1904年建造的

南部

加勒古城内的流动蔬菜摊贩

通体雪白的米拉珠玛清真寺（Meera Jumma）就会出现在您眼前。

历史庄园住宅

这里有曾经的荷兰住户的物品。除此之外，这里还有一家艺术画廊和一个漂亮的院子。🏠 31-39 Leyn Baan Street 🕘 每日9:00—18:00 ¥ 门票免费

美食

在城堡内部，舒适的咖啡厅和餐厅数量日渐增多。就连老牌的酒店，如派德勒街的福特普林特尔斯酒店（Fort Printers）和教堂街的加勒福特酒店（Galle Fort Hotel），也吸引了越来越多的顾客。

派德勒咖啡馆（Pedlar's Inn Cafe）

在曾经的殖民邮政大楼里，人们可以从早晨坐到晚上，这里有可口的早餐、美味的咖啡和糕点，还有精美的晚餐。🏠 92 Pedlar Street @ www.pedlarsinn.com ¥¥

荷兰皇家咖啡馆●

在这家稀奇古怪的自带纪念品商店的荷兰式房子里，您可以看到复古爱好者坐在桌子旁品茶。此外，椰子碎烤肉很受欢迎。🏠 72 Leyn Baan Street ¥¥

格兰德酒店（Le Grand Galle）

房间宽敞明亮，酒店配套设施齐全，服务热情周到。水吧位于花园泳池边上，咖啡很棒。与加勒古堡相守相望。2018年8月新开业。🏠 No.30 Park Rd，Galle ☎ 01 15 76 95 00 ¥ 35000~60000卢比

德令哈小馆（Golden World View House）

位于加勒镇中心，是距离加勒

斯里兰卡

如今，种植园里仍然种植着橡胶

古堡最近的一家华人客栈，地理位置优越，可步行前往汽车站、火车站，至古堡也仅需8~10分钟。🏠 No.23 Fishmarket ST, Galle 📞 07 65 84 38 28 💴 1800~5000卢比

购物

商贩们在堡垒旁出售带蕾丝的桌布和木刻品。在小巷里，您可以找到一些十分漂亮的小商店，如 ☘肖巴（Shoba 🏠 67 A Pedlar Street），这里的手工制品，如手包、枕头和裙子，都十分漂亮。

住宿

当地特色 克洛森波尔格酒店（Closenberg）☘

这里位于加勒堡垒以东3千米处，曾经是船长百利（Bailey）的别墅，自20世纪以来，这里就成了加勒港口上著名的酒店。日落时分，这里十分适合品一杯醇酒，享用一顿晚餐。21间客房 🏠 11 Closenburg Road 📞 091 2 23 22 41 @ www.closenburghotel.com 💴 ¥¥

杰特威灯塔酒店（Jetwing Lighthouse）

岛上最舒适的海边酒店之一，位于加勒以西3千米。巨大的花园前是梦幻般的沙滩。这座房子有着荷兰风格。60间客房 🏠 Dadella 📞 091 2 22 37 44 @ www.jetwinghotels.com 💴 ¥¥¥

周边景点

美瑞莎★（折页E18）

光听名字就已经能感受到这个海滩的美。这个小港湾是许多旅行者最喜欢的目的地之一，也是冲浪爱好者的聚集地。推荐去美瑞莎皇宫酒店（Palace Mirissa 🏠 Coparamulla 📞 041 2 25 13 03 @ www.palacemirissa.com 💴 ¥¥）住宿。9个帐篷位于一片礁石上，四周都是椰子树和鸡蛋花树。当地特色 从美瑞莎去乡下也是一段不错的旅程。您可以租一辆自行车，然后穿过原始村庄，或者沿着河流骑行，那里遍布热带种植园和橡胶园。🏠 距加勒30千米

南部

乌纳瓦图纳（折页D18）

这里因其便宜的住宿而吸引了许多背包客。他们周末来到这里，在当地餐馆享受音乐，或者在海边聚会。这里因鱼类丰富也吸引了许多潜水者。在岸边有许多潜水学校，最出名的是海马潜水（Seahorse Divers）、潜水艇潜水学校（Submarine Diving School）和乌纳瓦图纳潜水中心（Unawatuna Diving Centre）。

当地精选 太阳与海酒店（Sun N Sea 🏠 324 Matara Road, Ganahena 📞 09 12 28 32 00 @ www.sunnsea.net ¥¥）有10间客房，位于主路和海滩之间，值得推荐。这里不仅位于海边的安静区域，食物也十分可口。仅海产品就已经满足了人们挑剔的胃，更不用说这里的米饭和咖喱了。许多人说，2006年去世的酒店店主的灵魂仍然在这里。塔巴派尼度假酒店（Thambapanni Retreat 🏠 2 Suiten, Yakdehimulla Road 📞 09 12 23 45 88 @ www.thambapanni.biz ¥¥~¥¥）没有紧邻海边，位于卢马萨拉（Rumassala）山丘的安静地带。从房间窗户可以看到美丽的海景或者丛林。

韦利格默（Weligama）（折页E18）

韦利格默镰刀形的海港位于加勒以东30千米处，这里波涛汹涌，是冲浪爱好者的聚集地，但是现在这里的建筑却越来越多了。在阿旺阿玛（Ahangama），成群的高跷鱼等着垂钓者的到来。十分推荐蓝鲸精品酒店（Blue Whale Boutique Hotel 🏠 106 Galle Rd., Ahangama 📞 078 4 66 77 53 @ www.bluewhale.lk ¥），它只有4个房间，但是带有1个巨大的棕榈花园。主人十分乐意分享最近的冲浪地点。您若是想要学习冲浪，可以去兰卡冲浪（Surf'n Lanka 🏠 600/7 Weligama By Pass Road 📞 077 6 05 61 96 @ ww.surfnlanka.com）看一看。

汉班托特

（Hambantota）（折页J17）您吃的盐很可能就来自汉班托特，因为这座距离加勒110千米的城市（7万人口）有很多穆斯林，他们在这里开了许多盐厂。曾经的渔村如今因其奶酪而出名，奶酪在海边经常成桶售卖。

一位斯里兰卡政治家曾经畅想过，将他饱受干旱折磨的家乡改造为一个带有机场和运输港口的大城市。直至现在，他这一心愿也没有达成，游客们更愿意在海边度假，并拍几张渔船的照片。

景点

本德勒国家公园

公园有着15平方千米的保护区，位于汉班托特以东18千米处，沿着海岸分布，其中包括许多环礁湖、沙丘和灌木。这里有139种本地鸟类和58种候鸟，因此被誉为鸟类爱好者的天堂。4种海龟将蛋产在海滩的沙子里（¥ 门票10美元，增值费和附加费另算）。公园里只可以开吉普车进入（¥ 半日游览价格为5000~7000卢比）。

斯里兰卡

省钱有道

马特勒的波纳海滩（Polhena Beach）上的托匹海龟旅舍（Tropi Turtle）是旅游者喜爱的聚集点，这里有双人间和通铺。共有6间客房。🏠 122 Polhena Beach Road 📞 077 5 88 31 07 @ www.tropiturtle.com

位于希克杜沃的七喜小子（Cool Spot）供应新鲜的海产品，这里价格优惠，游客络绎不绝。🏠 327 Galle Road

美食

翡翠绿色餐厅（Jade Green Restaurant）

餐厅的布局是开放式的，在可供游客参观的厨房里烹饪着多样的亚餐。这里还有价格实惠的海鲜。🏠 Tissa Road 📞 047 2 22 06 92 ¥¥

住宿

绿洲阿育吠陀海滩度假村（Oasis Ayurveda Beach Resort）

度假村建在了之前花园的土地上，位于汉班托特以西7千米处。度假村十分舒适，这里也提供传统的理疗，保证让顾客满意。40间客房 🏠 10 Bungalows, Sisilasagama 📞 047 2 22 06 50 @ www.oasis-ayurveda.de ¥ ¥¥

周边景点

卡达拉加玛（折页 K16）

这里距离加勒180千米，每年的佛牙满月（7月、8月）都有成千上万的人来到这里参加印度教、佛教的战神盛会。这里有苦行忏悔的人，他们刺穿自己的舌头，或者把钩子刺进自己的肉里。

蒂瑟默哈拉默（Tissamaharama）（折页 J17）

这里距离加勒约150千米。这里的佛牙塔和遗迹时刻提醒着人们，这里曾是南僧伽罗王朝的所在地。在湖边的旅社周围有历史遗址中最大的佛牙塔，它始建于公元前1世纪。附近的淡水水库是水禽和鸟类爱好者的天堂。

乌德瓦勒韦国家公园（折页 G16）

从汉班托特向高原走约65千米，是大象的保护区。国家公园占地3.08平方千米，中心有巨大的堰塞湖，是大约700头大象的家园，此外这里也是水禽的天堂，最适合在清晨或者傍晚来这里游玩。位于公园大门以西约5千米处的地方是大象转运之家（Elephant Transit Home），它建于1995年，为找不到父母的小象提供了庇护所。¥ 门票15美元，外加增值税和附加税

西亚拉国家公园★（折页 K-L16）

热带稀树草原和湖泊布满了整个保护区。下午来到这里会比清晨来收获得更多。人们在这里可以看到鳄鱼、巨蜥、獴或者野猪。大象在公园中自由穿行，猎豹潜伏在灌木丛中。也可以看到孔雀、鹈鹕、鹳以及众多小型鸟类。¥ 门票15美元，外加增

南部

您若是幸运,还有可能在西亚拉国家公园里碰见豹子

值税和越野车附加费(4000~7000卢比)🏠 Flamingos Safari Tours Wellawaya Road Weerawila 📞 077 5 66 33 63 @ www.flamingossafari.com

希克杜沃

(折页 C17)这里曾经叫作Hippieduwa,之后20多年来一直是斯里兰卡的大量游客的代名词,来这里的游客络绎不绝。游人白天泡在水里,晚上就待在沙滩上的餐馆里。

周日的市场五彩缤纷,有艺术品也有不值钱的破烂。这里提供多种多样的水上运动(潜水和冲浪),也可以乘船游览。沙滩上揽客的年轻男子比较烦人,您不要被他们的花言巧语欺骗。

美食

月光(Moon Beam)

这里位于同名酒店旁边,因为紧邻海边所以海鲜丰富。农场主谢尔顿(Shelton)爱开玩笑,非常有趣。🏠 568 Galle Road ¥ ¥~¥¥

夜生活

摇滚吧(Funky de Bar)

充满热带风情的海滩酒吧,气氛让人感到舒适和放松,适合日落之后来(🏠 38/1 Galle Road, Wewala)。此外,周四在这里还会举办派对。建议周五去震动酒吧(Vibration 🏠 495 Galle Road),周六去海边的曼波酒吧(Mambo's)。

住宿

芬兰卡(Finlanka)

从这家热门的酒店步行便可到达海边的餐厅和商店,它们都非常干净整洁。芬兰卡酒店共有5间客房。🏠 1st Cross Road, Sarath Gunawardhana Mawatha 📞 091 2 27 53 66 @ www.finlanka.net ¥ ¥

斯里兰卡

栋德勒的灯塔守卫着岛屿最南端

劳伦斯山天堂（Lawrence Hill Paradise）

单层平房分散在花园四周，共14个房间。这里带泳池，地段安静（步行5分钟便可到达海边）且气氛友好，令人流连忘返。这家酒店仅接待想要进行阿育吠陀理疗的客人。🏠 47 Waulagoda Middle Road 📞 09 12 27 75 44 @ www.ayurvedakurlaub.de ¥ ¥¥

周边景点

多丹杜瓦（折页D17-18）

在距希克杜沃西南约5千米的小地方，有着鸟类十分丰富的 ● 拉塔加马潟湖，十分适合坐船游览，游客可以从环保村（Eco Village）出发（¥约400卢比/人）。日出和日落之时，在颜色柔美的湖上泛舟。许多僧人在厄米塔格岛（Hermitage Island）上冥想，这时不允许游客打扰！● 莲花屋（House of Lotus, 7间客房 🏠 175 Galle Rd. 📞 09 12 26 72 46 @ www.house-of-lotus.com ¥ ¥¥）按照殖民风格而建，十分适合度假。这里的食物可口，还提供瑜伽和冥想课程。酒店距离海滩不远，可在海滩上漫步。

马特勒

（折页F18）马特勒位于加勒以东45千米处，这里是生机勃勃的贸易之城（8万人口），也是1895年以来从科伦坡来的火车的终点站。

这是斯里兰卡最南边的城市，位于尼瓦拉河口处，是葡萄牙人和荷兰

南部

人在肉桂贸易中的转运中心。1984年,建筑师杰弗里·巴瓦在这里开设了卢哈纳大学,这里因此成了重要的教育中心。

景点

荷兰人建造的带钟楼的旧堡垒和1765年建成的小石头的城堡是这座城市里为数不多的景点之一。紧邻河边的是宏伟的迈赫迪清真寺(Muhiyideen Jumma)。在城市以西3千米处的波纳(Polhena),有着最漂亮的沙滩。1889年以来,栋德勒的八角灯塔守卫着斯里兰卡最南端。每年7、8月在德维努瓦拉寺(Devi Nuwara)会有节庆游行。

美食

沿着海滩路可以看到几家简单的餐厅,如龙之梦中餐馆(Dragon's Dream Chinese Restaurant ¥¥)和佩雷拉父子餐厅(Perera & Sons ¥¥),都提供简餐和点心。饭后可以到海滩公园(Beach Park)散步。

住宿

鉴于附近的海滩位置不错,建议您沿着海滩向东去寻找住宿。沿路都有一些比较不错的海滩酒店。

塔拉拉度假酒店(Talalla Retreat)

这家精品酒店位于马特勒以东约15千米处,紧邻海滩,是一座位于热带花园中的带泳池的双层别墅。提供瑜伽课程和按摩服务,也提供冲浪项目。共有32间客房。🏠 Sam paya House, Talalla Gandara 📞 041 2 25 91 71 @ www.talallaretreat.com ¥ ¥¥

周边景点

马尔基里加拉(Mulkirigala)(折页G17)

马尔基里加拉位于马特勒东北55千米处,在岛南部一处古老的寺庙边高耸的岩石旁。据考证,早在公元前2世纪,佛教徒便已移居至此。各式寺庙和岩洞分散在山中,登顶需要攀登450级台阶。从印度塔顶远眺,您可以将美景尽收眼底。🕐 每日6:00—18:00 ¥ 门票500卢比

雷卡瓦(Rekawa)(折页F-G18)

行家都会喜欢位于马特勒和坦加勒(Tangalla)之间那片安静的海滩。走在去往海边的主路上,凭运气拐进一条小路,然后您就可以看到美不胜收的海湾。这里没有小店铺,也没有烦人的揽客者。在距离马特勒50千米处的海滩上有海龟,它们在这里下蛋。人们可以在当地环保者和热心村民的带领下欣赏这一自然现象(注意请穿深色服装、禁止使用闪光灯、禁止喧哗)。📞 077 7 90 29 15(Mr. Saman)¥ 门票1000卢比

韦鲁卡纳拉寺(Wewurukannala)(折页F18)

韦鲁卡纳拉寺里供奉着岛上最大的佛像,有50米高。一座10层楼的建筑藏在佛像里面,并且描绘了佛祖的一生。寺庙建于20世纪70年代。🕐 白天 ¥ 门票免费

阿育吠陀

这种"健康、长寿的知识"在斯里兰卡比其发源地印度更加受到人们重视,在斯里兰卡,阿育吠陀已经成为一种新型度假模式。从海边度假村里的水疗到特殊的诊疗,这里应有尽有。

理疗师使用精油按摩顾客的后背,顾客在按摩的全程都会躺在一条木质的板凳上。酒店里一般都会设有花香或者草药蒸汽浴室,还有不同的美容疗程以及多样的按摩。

与这些保健类项目完全不同的是长达2周的帕奇卡玛疗程,这一项目仅在个别的阿育吠陀度假村中提供,目的在于洁净内心并为身体排毒。阿育吠陀医生会通过号脉和看舌苔进行诊断,并且询问个人的身体状况。医生会在诊断的基础之上,针对个人情况制订营养方案及诊疗计划,主要使用草药、精油、洗浴和按摩疗法。疗程结束后,身体免疫机能会有所提高,新陈代谢也会加强,皮肤病、风湿、高血压、关节肿痛以及体重问题会得到改善;此外,这种疗法也用于治疗耳鸣或者癌症愈后护理。

人类是宇宙的一部分

这个理论的基础来源于1—2世纪的两部著作,一部为*Caraka Samhita*,里面描述了人体构造;另一部为*Sushruta Samhita*,是一部手术的指导手册。人类被看作是宇宙的一部分,并且由宇宙中的元素组成——天、风、火、水和土。这5种元素以三大能量(Doshas)的形式来构成人体的躯体、思想和灵魂。三大生命能量的作用不同,对于不同个体的比例也不一样:风能量(Vata Dosha)控制着人的循环系统、感官和神经系统;火能量(Pitta Dosha)负责新陈代谢、消化和感情;土能量(Kapha Dosha)则掌管着人的身体构造、抵抗力和智力平衡。若3种能量达到平衡,则个体是健康的;若平衡被打破,人便会生病。阿育吠陀疗法力求使人们达到躯体、思想和灵魂的平衡。

实用建议

在进行阿育吠陀疗养之前要做好充

阿育吠陀健康养生课程使您的躯体、思想和灵魂重归平衡。

分的准备。亚朵（Aytour 🏠 Prinzenweg 6a, Starn-berg 📞 081 5 19 98 79 90 @ www.aytour.de）会给您提供有用的信息，并且帮助您预订相关课程。这里的医生几乎都会说英语。在当地，您也可以找到带有阿育吠陀水疗馆的诊所和酒店。

奥地利海滩度假村（Austrian Beach Resort）

南岸精品酒店，内设健身设备、浴室以及阿育吠陀相关课程。10间客房 🏠 Kemagoda, Dickwella 📞 041 2 25 67 26 @ www.austrianbeach.com ¥ ¥¥

阿育吠陀马里加德拉遗产酒店（Heritance Ayurveda Maha Gedara）

极简建筑风格，共有24个理疗室，提供优质的理疗服务，带您走入健康的生活。64间客房 🏠 Beruwala 📞 034 5 55 50 00 @ www.heritancehotels.com ¥ ¥¥~¥¥¥

杰特威阿育吠陀凉亭酒店（Jetwing Ayurveda Pavilions）

这家度假村由12间平房组成，私密性强，适合进行私人理疗。🏠 Ethukale, Negombo 📞 031 2 27 67 19 @ www.jetwinghotels.com ¥ ¥¥¥

仙达来阿育吠陀健康度假村（Siddhalepa Ayurveda Health Resort）

这里有棕榈树、沙滩、泳池，以及各种各样的阿育吠陀理疗。理疗使用的药品均由度假村配备，十分健康。共有50间客房。🏠 861 Samanthara Rd., Pothupitiya, Wadduwa 📞 038 2 29 69 67 @ www.siddhaleparesort.com ¥ ¥¥

山 区

　　这里有僧伽罗人最后的王城、茶园和努沃勒埃利耶南部原始的山区景观,适合作为一个3~4天短途旅游的目的地。

　　在康提,人们比较注重宗教圣地。向东走去,满眼绿色的丘陵上是世界上最好的茶叶种植地。此外,亚当峰周围也是美丽的高原景象,霍尔顿平原的景色同样美不胜收。在旧殖民地努沃勒埃利耶,您可以感受到昔日王朝的气息。

埃勒

　　(折页 H14)在1000米高的穷乡僻壤以南是游客们最喜欢去的地方,这里有很多休闲酒吧和旅馆。

　　您若是厌倦了音乐和鸡尾酒,可以去附近的山区走一走,攀登小亚当峰(需1小时)或者难度更高的埃勒岩(需2小时)。两座山峰的景色都十分壮美。此外,位于通往韦勒沃耶(Wellawaya)路边东南6千米处的拉瓦纳埃勒瀑布(Rawana Ella Falls)也十分凉爽。一座九拱桥(Nine Arches)跨过埃勒以南2千米处的一个山谷,吸引了众多游客到来。

美食/住宿

98英亩度假村(98 Arces Resort)

　　这家景色优美的度假村坐落在埃勒以南几千米处的一个茶园中。这里

上图:努沃勒埃利耶的茶叶丰收了

在亚当峰和佛牙寺之间——自然奇迹、殖民复古和斯里兰卡宗教中心。

的咖啡厅（Café）的咖啡十分值得品尝，窗外的景色也十分迷人。此外，这里还有水疗馆和泳池。12间客房 Uva Greenland Estate，Passara Road 057 2 05 00 50 @ www.resort98acres.com ¥¥

天国景观宾馆

这里有梦幻般的景色、高雅的带吊床的房间、可口的食物。十分友好的老板一家可以给您的旅程提供许多建议。9间客房 Wemulla Hena 077 3 81 03 13 @ www.ella-guesthouse-srilanka.com ¥~¥¥

户外活动

在臼里

哪里有椰子碎，哪里就有咖喱菜。您可以在埃勒香料花园（Ella Spice Garden）里品尝它们的味道。这里一天提供两次（分别在10:30和17:00）3小时的烹饪课程。您在这里学习煎炒烹炸，结课作业是3道香喷喷的咖喱菜。该课程需要提前预订！ 距主街（Main Street）200米远，

斯里兰卡

普杜鲁瓦格勒（Buduruwagala）佛祖从岩石中显现

📞 075 2 36 36 36　¥ 2500卢比

坐着蹦蹦儿环游

您肯定早就想 当地 精彩 坐着传奇般的蹦蹦儿环城旅游了吧？那您就去找来自班德勒韦勒的毛希丁（B. M. Mohideen）吧。户外爱好者可以进行一场带导游的蹦蹦儿环城游，如从班德勒韦勒出发穿过茶园直到立顿庄园（Lipton's Seat）。📞 057 2 05 08 87, 077 7 64 62 43 ✉ deen395@sltnet.lk @ www.srilankatrekkingclub.com

周边景点

巴杜勒（Badulla）（折页 H14）

这段路上随处都是目的地，因为从埃勒到23千米外的茶都乌沃（Uva）的路段是最漂亮的。而巴杜勒里除了几处值得游览的寺庙，别无他处。沿着主路向前走，沿途尽是雨林风光，可以到达邓欣达瀑布（¥ 200卢比）。推荐您去巴杜勒西南16千米处的一座有300年历史的木桥，这座木桥紧邻一座小寺庙。为了欣赏这里美丽的丘陵，您最好穿轻便的鞋子。

班德勒韦勒（折页 H14）

这座城市位于埃勒西南12千米处，商店和市场林立。在那里您可以参观有300年历史的多瓦（Dowa）洞穴寺庙，里面的岩石上刻着佛像，还有五彩缤纷的壁画。坐着蹦蹦儿环城游览一圈之后可以在班德勒韦勒酒店（Bandarawela Hotel，36间客

山区

房 🏠 14 Welimada Road 📞 057 2 22 25 01 ￥¥）享用下午茶，同时欣赏立顿庄园（15千米远）的美景。

普杜鲁瓦格勒（折页 H15）

　　从埃勒向南岸行驶的途中，可以绕一小段路去往普杜鲁瓦格勒。它位于韦勒沃耶西南约10千米处（埃勒以南29千米处），离一片堰塞湖不远。7—10世纪之间，一座近17米高的大佛在岩石中拔地而起，周围还簇拥着3组其他佛像（🕐 每日8:00—17:00 ￥ 门票308卢比）。

哈普特莱（折页 H15）

　　这里的 当地锦囊 ▶ 地势 十分险峻，它坐落于1400米高的一座山脊上。若是在没有大雾的情况下，您可以在达姆巴尼（Dambatenne）茶厂上方的 ⛰ 立顿庄园里一览山景。3千米外的阿迪兹姆（Adisham）寺庙也值得游览。

康提

（折页 F12）康提（15万人口）给人的第一印象是交通混乱、噪声嘈杂、空气污浊。那它是如何成为这座岛屿上最漂亮的城市的呢？

　　从韦斯公园（Wace Park）的 ⛰ 观景台望去，可以看到著名的佛牙寺，里面供奉着僧伽罗人敬仰的佛祖；还可以看到翠绿的山丘环绕而立，一尊白色的佛像在绿色中耸立。这座美丽的城市饱受着现代生活种种问题的困扰，比如道路之前是为牛车和人力车而建设的，所以凹凸不平。即使这座五大山丘上的城市（在僧伽罗语里为"Kanda Uda Pas Rata"，而英国人将这里命名为"Kandy"）存在诸多问题，它也依旧迷人。

必游景点

★ **佛牙寺**
这里有斯里兰卡最尊贵的圣地。→ P.66

★ **阿卢寺**（Aluvihara）
在这座岩石上的寺庙里，僧侣在棕榈树叶上镌刻着经文。→ P.70

★ **希尔俱乐部**（Hill Club）
这里有烛光中的晚餐。→ P.72

★ **亚当峰**
岩石上留下的足迹吸引了成千上万的朝圣者。夜晚登顶是一次难忘的经历。→ P.73

★ **霍尔顿平原**
在高原上漫步，直至世界尽头。→ P.74

景点

佛像

　　在 ⛰ 西部一座山丘上，白色

> **CITY 从这里出发**
>
> 您可以先乘坐三轮车（建议您提前讲好价）前往 当地锦囊 ▶ 皇后酒店。然后从那里出发，不远处便是佛牙寺。皇后酒店这个殖民时期建造的酒店也十分适合想购物的游客，因为旁边便是达拉达维蒂亚购物街。附近还有十分适合休闲和散步的康提湖。

斯里兰卡

当地人最喜欢的事是绕着康提湖（Kandy Lake）散步

的佛像拔地而起，它仿佛守护着整座城市，同时又欣赏着这美丽的景色。这座佛像约30米高，经过15年的打造于1993年完工。佩拉尼亚之路（Peradeniya Road）起自钟楼旁边的警署，向上蜿蜒，步行至佛像需30分钟。

锡兰茶叶博物馆（Ceylon Tea Museum）

这个已经废弃的茶叶工厂纪念了种茶第一人詹姆斯·泰勒（James Taylor）和托马斯·立顿（Thomas Lipton）的工作和生活。文件、机器和工具带领人们走近了茶叶种植的日常。从最顶层的餐厅（￥￥）可以欣赏到美丽的景色。🕐周二至周日8:30—15:45 ￥门票800卢比 @ www.ceylonteamuseum.com 🏠 Hantane以南3千米处，从医院Peradenya Hospital拐入公路Hantane Road，向Hindagala方向走。

佛牙寺★

此处是斯里兰卡佛教圣地，供奉着佛祖的牙齿。僧伽罗人将佛祖的舍利誉为是其权力的象征。它仿佛是宫殿和寺庙的结合体，直到18世纪，这座建筑才有了如今的雏形。而它成为华丽的8角形建筑，还是在19世纪初。这里建有一座图书馆，里面藏有棕榈叶手稿。

佛牙寺外表简朴，内饰却很华丽。壁画、门上装饰和其他装饰性元素都令人大开眼界。在上层的佛牙圣骨盒前，每日都有信徒摆上新鲜的花朵。一天中，有3个时段人流极其多。在佛牙节当天，这扇被银饰装扮的大门●在擂鼓声中大约1小时开放1次。根据传说，佛祖释迦牟尼遗体火化后，牙齿完整无损，被称为"佛牙舍利"。每年到了年中的满月之日

山区

（7—8月），人们就会举办一场长达11天的节日，以向佛牙舍利表达敬意。每日5:30、9:30和18:30都会举行约1小时的典礼活动。 🕐 每日6:00—20:00 ¥ 门票1500卢比

康提湖

这片位于康提中心的人工湖给这座城市增添了一丝魅力。1812年，斯里兰卡最后一位国王下令开发这片湖泊。他将这片湖命名为Kiri Muhuda，源于印度神话中的牛奶湖。但是现在很少有人还记得这个名字了。国王的女伴曾经住在这个湖心岛上的小房子里。之后，这里成了英国人的弹药仓库。十分推荐环湖漫步。

皇后家（Queen's）

1911年赫尔曼·黑塞（Hermann Hesse）曾在这里下榻。坐在大厅或者泳池酒吧里，人们可以拿起他的《印度之行》消遣解闷。人们也可以饮茶小憩或者喝杯饮料。64间客房 🏠 Dalada Veediya 📞 081 2 23 30 26 和2 22 28 13 @ www.queenshotel.lk ¥ ¥¥

小憩竹园（Slightly Chilled Bamboo Garden）

这家十分受欢迎的餐厅位于山丘之上，从露台望去，可以欣赏到美丽的景色。这里的中餐十分可口。 🏠 29 A Anagarika Dharmapala

美食

赫尔佳思富力（Helga's Folly）

这里展现的是一种怪异的美，大厅和餐厅都布满了庸俗的装饰物，毫无艺术感可言。人们来这里，都不是因为它的食物（虽然这里的食物也不错，人们还可以舒服地坐在露台花园上用餐），都是来"欣赏"这些庸俗的点缀的——从花呈胡哨的墙上的鹿角到房顶上的水晶枝形吊灯。整个房间有些像坟墓，食物的价格也有些高。 🏠 32 Frederick E de Silva Mawatha 📞 081 2 23 45 71 @ www.helgasfolly.com ¥ ¥¥¥

这家酒吧（The Pub）

坐在阳台上您可以欣赏繁华的街景，坐在室内也可以品尝到划算的意面和肉类。 🏠 36 Dalada Veediya ¥ ¥

省钱有道

不要追求十分花哨的食物。想要省钱的本地人和游客都会去康提花园咖啡馆（Kandy Garden Café 🕐 每日8:00—20:00），那里提供价格实惠的咖喱菜，这里的果汁也很好喝。 🏠 Sangaraja Mawatha旁海洋东面

在康提的时钟旅馆（Clock Inn 🏠 11 Hill Street 📞 081 2 23 53 11 @ www.clockinn.lk），您可以睡在便宜的管状"胶囊"里。

在努沃勒埃利耶附近的茶叶种植园里，如距离A5只有10千米的 ● 马克伍兹茶厂里有直接从树上摘下的高品质的茶叶。在那里，可以参观工厂，可以免费品尝茶叶，那里多种多样的茶叶价格也十分优惠。 @ www.mackwoodstea.com

斯里兰卡

康提的市场上有种类丰富的商品

Mawatha 081 4 47 60 99 ¥¥

斯利拉姆（Sriram）

这里有康提最著名的印度菜，价格实惠且环境舒适。必须品尝的菜肴是鸡肉配椰子酱汁和番茄酱。这里也提供美味的素食。87 Srimath Bennet Soysa Veediya（Colombo St.）¥¥

购物

康提城市中心

这里汇集了斯里兰卡的各种品牌，有服饰、书店、疗养院、健身房等各项服务，也有像曼斯娜这样的茶叶店，同时也出售各种各样的周边产品。5，Dalada Veediya

市场

满街乱跑的灰老鼠、如监狱一般的外墙、刺鼻的气味和固执的拉客者——康提市场的气味和景象让您真实地感觉到斯里兰卡直她的日常生活。在络绎不绝的集市上转一转，看看鱼贩、水果摊和调料店。所有的一切都令人欢喜。您若是想买些东西，一定要再三讲价。

欧黛尔路易斯勒

在皇后酒店西侧的欧黛尔里面，可以找到关于斯里兰卡的一切，衣服、饰品和不错的纪念品。5，Dalada Veediya @ www.odel.lk

赛林

这家小店离佛牙寺很近，景色令人心旷神怡，且结合了时髦的设计和古老的手工艺。漂亮的裙子、五彩缤纷的手帕以及色彩鲜艳的玩具应有尽有，价格合理，女性可以在这里挑到富含创意的商品。7，1/1 Temple Street

户外活动

康提舞蹈（Kandy Dance）

舞蹈演员伴随着鼓点在舞台上

山区

如演杂技般起舞。1小时的舞蹈表演明显是为了展示给游客的,但是确实值得欣赏。共有3个演出地点。Avanhalla(🏠 Kandy Lake Club, Sangamitta Mawatha)和Red Cross Hall(🏠 Avanhalla旁边)两个地点的演出均于17:00后开始,YMBA(🏠 Rajapihilla Mawatha)的演出于17:30后开始。¥ 所有演出均1000卢比

冥想

想要认真学习冥想的人,可以在斯里兰卡获得许多不错的机会(@ www.retreat-infos.de)。尼兰贝(Nilambe)位于康提东南30千米的山地中,是特别值得推荐的冥想中心。从康提中心乘坐去往加勒哈(Galaha)方向的公交车,到尼兰贝交叉口(Nilambe Junction)下车。之后可以选择步行(约50分钟),跟着"尼兰贝别墅"(Nilambe Bungalow)的指示牌走,穿过一段陡坡并途经一片茶叶种植园。或者可以选择乘坐蹦蹦儿,沿着盘山道而行,时长约50分钟。您最好随身携带睡袋,因为山区的夜晚十分寒冷。除了极其简陋的住宿(男女分住),您还必须按照时间表安排作息:5:00—7:30晨间散步及静坐冥想,之后喝茶并享用简单的早餐,8:00—11:00冥想,12:00午餐,14:00—17:30冥想并饮茶小憩,18:00—21:00冥想和交谈。冥想大师乌普居士(Upul Gamage)和他的团队有计划地提供3~5天的英语冥想课程,您必须至少提前两周预约(@ www.nilambe.net)。

您可以从康提湖东侧的佛教出版协会(Buddhist Publication Society 🏠 54 Sanharaja Mawatha 📞 081 2 22 36 79 @ www.bps.lk)获取相关信息,或者参见 @ www.buddhanet.net。

住宿

森林峡谷(Forest Glen)

这家仅拥有8个房间的小旅店位于乌达瓦塔凯勒保护区(Udawattakele)边缘,十分适合热爱自然的人居住,您可以在悦耳的鸟鸣声中用早餐。🏠 150/6 Lady Gordon's Drive 📞 081 2 22 22 39 @ www.forestglenkandy.com ¥ ¥

麦克劳德旅馆(Mcleod Inn)

这家小旅店环境舒适,十分安静,可以看到佛牙寺和康提湖的美景。10间客房 🏠 65 A Rajaphihilla Mawatha 📞 081 2 22 28 32 @ mcleod@sltnet.lk ¥ ¥

康提OZO(OZO Kandy)

这家现代酒店仿佛是贴在山坡上的一条超大巧克力。靠前的房间可以看到佛牙寺壮丽的景象,靠后的房间就没有什么美景可欣赏了。想要喝日落酒可以去薄暮屋顶酒吧(Bommu Rooftop Bar),那里也有1个小泳池,晚上还有乐队演出。这里的一切都十分年轻化、现代化和实用化。要是坐在外面吃早餐,猴子有可能会来偷吃。122间客房 🏠 31 Saranankara Mawatha 📞 081 2 03 07 00 @ www.ozohotels.com ¥ ¥¥

看门人(Suisse)

这里位于牛奶湖的东南岸,

斯里兰卡

带泳池,气氛友好,但服务仍有提升空间。您若是幸运,可以住进带阳台的房间,可以一览牛奶湖的美景。100间客房 🏠 30 Sangaraja Mawatha 📞 081 2 22 26 37 @ www.hotelsuisse.lk ¥ ¥¥

当地佳肴▶玫瑰别墅(Villa Rosa)

这家小酒店是备受压迫的灵魂的避难之所。它位于河上,距离佛牙寺仅15分钟车程,房间干净,内饰品质高,还带有1个令人心旷神怡的花园。小贴士:那里有一处小巧精致的阿育吠陀区域,提供帕奇卡玛(Panchakarma)疗法和单独治疗,还有优秀的医疗指导和经验丰富的治疗专家。10间客房 🏠 71/18 Dodanwela Passage, Asgiriya 📞 081 2 21 55 56 @ www.villarosa-kandy.com ¥ ¥¥¥

问询中心

斯里兰卡旅游局(Sri Lanka Tourism Information Centre)

不要轻信陌生人的话,有些人只是为了完成招揽顾客的工作任务! 🏠 Kandy City Center 5, Dalada Vidiya 📞 081 2 22 26 61

周边景点

胡纳斯瀑布(Hunas Falls)(折页F12)

这里气候适宜,十分适合热爱自然、喜欢在自然中散步的人们。在那科勒斯山脉(Knuckles Range)西侧,种满茶叶的山丘和壮丽的热带雨林交替出现。那里还有一家名为奥玛亚胡纳斯瀑布(Hunas Falls by Amaya)的酒店,这家酒店地理位置优越(31间客房 📞 081 4 94 03 20 @ www.hunasfallskandy.com ¥ ¥¥~¥¥¥)。从康提和马塔莱出发,经1小时车程可到达该酒店。酒店位于海拔约900米的山上,食物可口。

当地佳肴▶桂河(River Kwai)(折页E13-14)

1956年,电影《桂河大桥》在凯勒尼河河畔拍摄。这部获得了奥斯卡最佳影片奖等多项大奖的影片,讲述了第二次世界大战期间,英国军官被迫为日军在泰国西部建桥,之后全力阻止英国特遣队炸掉大桥的故事。孩子们喜欢去看上校洗浴的地方。影片里的大桥已经不复存在,人们因此在湍急的河水里划橡皮艇。🏠 A7公路,开车向南需1个小时

马塔莱●(折页F11)

A9公路旁边康提以北25千米处,是繁华的行政区马塔莱(5万人口)。这里位于主街上的印度教寺庙(🕒 每日6:00—12:15和16:30—20:15 ¥ 门票200卢比)十分值得游览。1852年,种植园中的泰米尔人劳动者捐资建造了这座寺庙,以供奉他们的女神马里安曼(Mariamman)。它入口处的亭子印度风格浓厚,同样值得欣赏的是墙面上的人物形象。在公元前1世纪的佛牙寺里,500名僧人第一次将佛教经文记录在贝叶棕的叶子上。★阿卢寺由多座岩洞组成,其墙面上绘画丰富,生动形象地展示了地狱的

山区

阿卢寺中的卧佛是拍照取景的好地点

景象。在高处的一座舍利塔（每日8:00—18:00　约250卢比）里，可以一览山中美景。

佩拉尼亚皇家植物园（折页F12）

热恋中情侣的甜蜜之地，狐蝠的栖身之所，植物爱好者的漫步之处——这就是于1824年由英国人建成的佩拉尼亚皇家植物园。这座曾经的皇室花园有着棕榈大道、竹林和花圃，全然是一个热带天堂。每日7:30—17:00　门票1500卢比　A5公路Gampola方向，距Kandy中心5千米远

平纳瓦拉（Pinnawela）（折页E12）

1975年，大象孤儿院成立，里面收容了许多年幼且自己的母亲失去联系的小象。如今，这里游客繁多，不文明现象也日渐增多。您若是想更加接近自然，最好去国家公园观察大象。观赏动物们在尼日尔河里洗澡（10:00—12:00和14:00—16:00）以及在自由活动区域用幼儿瓶喂食动物都是不错的选择。每日8:30—18:00　门票2500卢比　A1公路Ambukkane方向，行驶5千米至Pinnawela

努沃勒埃利耶

（折页G14）英国人在这里可以重新找回在英国的感觉吗？因为这里的气候和英国差不多。这也是这座高地城市被斯里兰卡居民喜爱的一个原因。

这里位于海拔1900米的地方，全年凉爽，有时候甚至有些寒冷。努沃

斯里兰卡

勒埃利耶（43万人口）翻译过来的意思是"光之城"。人们晚上需要打开壁炉取暖，一些酒店还为客人准备了热水袋。东部的高尔夫球场被许多游客誉为亚洲高尔夫球场之最。穿过整座小城，您可以看到有英国建筑风格的邮政大楼和位于肯特伯爵领地中德哈顿银行（Hatton Bank）。

美食/住宿

格伦道尔（Glendower）

这是性价比较高的大酒店，房间干净但是有些陈旧。老板友善，拥有小花园和可口的中餐。20间客房 🏠 5 Grand Hotel Road 📞 052 2 22 25 01 ¥ ¥~¥¥

华园船中餐厅

漂浮在著名的格雷戈里湖面上的水上餐厅，也是努沃勒埃利耶唯一的一家中餐厅，提供正宗中餐，以川菜为主，另有火锅、外卖可点。🏠 house boat, boat service center, Gregory Lake, Nuwara Eliya 📞 +94 5 22 22 22 62 ¥ 1500卢比

艺廊咖啡厅（The Gallery Cafe）

由斯里兰卡著名建筑师Bawa的工作室改建而成的艺术画廊咖啡厅，以西餐为主，开放式用餐空间，艺术感十足。另有工艺品商店可选购。🏠 2 Alfred House Rd, Colombo 03 📞 +94 11 2 58 21 62 ¥ 2500~5000卢比

茶厂遗产酒店（Heritance Tea Factory）

这是由废旧工厂成功改造而成的舒适型酒店。之前卷茶叶的地方变成了现在的前台。在休闲疗养区，人们可以在2200米高的地方蒸桑拿。这里十分注重环境保护和社会贡献，这里提倡资源回收，还支持和帮助贫困的泰米尔人。想体验当地民俗的人们可以穿上纱丽和纱笼，体验一把采茶的乐趣。54间客房 🏠 Kandapola 📞 052 5 55 50 00 @ www.heritancehotels.com ¥ ¥¥¥

希尔俱乐部 ★

这里有严格的着装要求，男士在晚上只能穿着夹克、打上领带入场（可以租衣服），人们在昏暗的灯光下畅饮聊天。这里有39个房间提供住宿。🏠 29 Grand Hotel Road 📞 052 22 26 53 ¥ ¥¥¥

圣安德鲁杰特威酒店

这家酒店位于高尔夫球场之上，只需步行几分钟便可到达市中心。新建大楼里的房间比之前殖民时代建造的旧楼更大更舒适。若是天气太冷，您可以去路洞酒吧，坐在火炉前和朋友打扑克。那里的桌子已经有120多年的历史了！十分推荐您在向导带领下在大自然中散步。52间客房 🏠 10 St. Andrew's Drive 📞 052 2 22 24 45 @ www.jetwinghotels.com ¥ ¥¥

购物

人们一开始肯定不会想到在主街的集市上不仅可以挑选到种类丰富、价格合理的商品，还可以无忧无虑地购物。这里有暖和的夹克和质量上乘的登山裤，且价格十分便宜。此外，纱丽、丝绸和其他纺织品种类也很丰富，都是当地的特色，这些在新集

山区

前往亚当峰朝圣的信徒

市街（New Bazar Street）的幸运宫（Lucky Plaza Emporium）可以找到。

方济会出品（Franciscan Products）

您喜欢手工果酱、酸辣酱或者新鲜果汁吗？方济会的修女们在圣泽维尔教堂（St. Xavier's Church）后面的小商店里出售自己的制作的生活用品，以此支持和资助教会的社会项目。🏠 11 Long Street

周边景点

亚当峰★（折页E14）

亚当峰虽然不是岛上的最高峰，但却是最神圣的山峰，从每年12月至次年3月，成百上千的朝圣者夜以继日地攀登4500多级台阶，只为了能在日落之前准时到达山顶。●2243米高的山顶上，有一个类似于脚印的凹陷处。对于佛教信徒来说，这个脚印就是启蒙者的脚印；对于印度教教徒来说，这个脚印象征着湿婆；对于基督徒和穆斯林来说，它让人们铭记亚当（《古兰经》中译作"阿丹"）。这座山在僧伽罗语里名为Sri Pada，意思是"神圣的足迹"。

根据实际情况的差异，登顶需要3~4小时。登山途中可以小憩饮茶。下一个火车站是哈顿。从那里可以乘坐公交车去往达尔豪斯（Dalhousie），从巴杜勒或者康提出发也可以到达。一定不要忘记带好手电筒和毛衣（早晨6:00时山顶温度约为0℃），同时最好日落之后再下山，不然气温太高。推荐一家拥有7个房间的旅馆 当地锦囊 ➤绿屋（Green House ☎ 051 2 22 39 56 ¥¥），它位于达尔豪斯第一级台阶的不远处。下山后，可以在这里泡一个草药浴，然后来一顿可口的早餐。洗浴和早餐都可以提前预订。

斯里兰卡

哈卡拉（Hakgala）🌿（折页 G14）

努沃勒埃利耶东南5千米A5旁有一个植物园，里面有荷花池和合欢大道。从植物园可以放眼望到南部的茶田。因其海拔高（1700米），所以这里生长着许多蕨类植物。🕐 每日8:00—18:00 💴 门票1100卢比

霍尔顿平原 ★●🌿（折页 F-G15）

这里曾是殖民统治者的猎场，但如今已经回归为生机勃勃的大自然了。这里十分适合自然爱好者徒步游览。海拔2000米的高原距离努沃勒埃利耶约1小时30分钟车程，距离班德勒韦勒约2小时车程。您最好早些出发，因为上午大多数时候都会起雾。在接近3小时的徒步中，您一定要穿好厚夹克，带好温水。🌿贝克瀑布（Baker's Fall）、🌿世界尽头（World's End）和🌿迷你世界尽头（Small World's End）都在9千米长的环路的最高点。🕐 每日6:00—18:00 💴 门票25美元

拉特纳普勒

（折页 E15）这座"宝石之城"（6万人口）距科伦坡100千米，是按照当地语言直译过来的。

这里不仅仅有从地下挖出来的宝石，这里的景色也十分优美。山丘上的大佛俯瞰着整座城市，在位于A8西4千米处的山顶寺庙（Maha Saman Devale）里，神明保护着所有信徒。一部分寺庙建筑仍建于17世纪。在拉特纳普勒附近还有许多宝石矿产。

景点

宝石银行和宝石博物馆 ●

这里不仅有漂亮的红宝石、黄鱼、蓝宝石和祖母绿可供观赏，在这里还可以亲眼看到这些宝石是如何被打磨和加工的。此外，楼里还有一家餐厅。🏠 6 Ehelopala Mawatha 🕐 每日8:30—17:30 💴 门票免费

住宿

宝石田野（Gem Field Rest）

这里位于市中心安静地段，住在高大的树后会让您体验到友好的环境。6间客房 🏠 70 Sri Sumana Road，Mudduwa 📞 077 0 67 66 98 ✉ gemfieldrest70@gmail.com 💴 ¥

参观茶厂

茶叶首先在工厂里被晾干，叶片需要被巨大的鼓风机用热风吹10~14个小时。之后的"破壁工艺"是将叶片内的细胞壁打破。之后将茶叶放在地上进行发酵。等到茶叶完全干透，再用巨大的筛子将茶叶按照叶片大小分类，再进行包装。在工厂里，游客可以尝试每一个步骤，还可以用很低的价格买到质量上乘的茶叶。200克细碎的橙黄白毫茶叶仅需要250卢比。

山区

拉特纳洛卡旅游酒店（Ratnaloka Tour Inns）

这家酒店周边方圆6千米都是漂亮的橡胶种植园。酒店里有泳池和一个宝石博物馆。53间客房 🏠 Kosgala 📞 045 2 22 24 55 ¥~¥¥

周边景点

辛哈拉贾森林保护区 👽（折页E-F16）

岛上最后的1.14平方千米的热带雨林是斯里兰卡自然公园名录上受保护的自然保护区。这里居住着本地95%以上的鸟类和5%以上的哺乳动物。人们必须从3条徒步路线（Nature Trails，4千米到14千米不等）中选择一条，为了防止在体验大自然的时候被水蛭伤害，您需要紧跟向导。从拉特纳普勒出发沿南海岸的线路是最便宜的。📞 011 2 86 66 26 ¥ 门票675卢比

一家名为 当地精养 ➤ 巨石花园（Boulder Garden 🏠 Sinharaja Road, Kalawana 📞 045 2 25 58 12 @ www.bouldergarden.com ¥ ¥¥¥）的旅馆距离库达瓦（Kudawa）大门约20分钟车程，那里还提供优秀的丛林向导。8间卧室和2间套房被岩石包围，还有"洞穴中的奢华"这样的标语。此外还有一个泳池紧邻餐厅。它的西侧是马丁的小屋（Martin's Lodge，9间客房 🏠 距Kudawa大门4千米远 📞 045 5 68 18 64，042 2 22 55 28 ¥ ¥），给人一种家的感觉。

拉特纳普勒的宝石在发光

文化金三角

　　很少有人记得，在这个国家的中北部，沿着海岸线的地方有郁郁葱葱的热带景观和深绿的高原山脉，然而这恰恰是斯里兰卡文明高度集中在这个干燥炎热地区最重要的证据。

　　即使表达形式不太正确，这个地区今天仍被誉为"文化金三角"。作为"国王之地"的拉亚拉达（Rajarata）影响了整个亚洲大陆1500多年，吸引了来自缅甸和中国的佛教信徒以及来自波斯和印度的商人。这里有广阔的寺院，有巨大的佛塔和令人震撼的佛像，还有美丽的岩画，比如锡吉里耶的"云端少女"和丹布洞中的佛陀故事。这里有富有魅力的寺院，比如阿华卡纳或里蒂格勒（Ritigala）的寺院，还有斯里兰卡岛上的两个佛教摇篮阿努拉德普勒和密亨达勒。无论是国王还是艺术家，无论是建筑师还是工人，他们都汲取了这个宗教的精神力量。

　　一个复杂到至今仍让专家震惊的灌溉系统保障了当时这里的生活。近几十年来，一些人工湖（英国人叫作tanks，斯里兰卡人叫作wewa）已经重新投入使用，它们已经成为这个地区

上图：普鲁那茹瓦（Polunnaruwa）的寺庙

菩提树、云端少女和古国王的水库使得文化金三角不负盛名。

的景观——岩石中长出翠绿的植物，人迹罕至的小路上有时可以看到过马路的野生大象。

由于文化金三角的景点彼此相隔较远，因此建议采取带司机租车的旅行方式。如果您不想总换酒店，而是更愿意为不同的行程安排一个固定的住所，则推荐哈伯勒内、丹布勒与锡吉里耶三地之间的住宿。

阿努拉德普勒

（折页 E7-8）这座最古老最重要的王城曾是僧伽罗王朝的首都（公元前3世纪—1017年），拥有1000多年的历史。

废墟广达40平方千米，其中所有景点都来自那个时代。它们几乎都源

斯里兰卡

阿努拉德普勒菩提树旁的朝圣者们

于曾经神圣的建筑,因为当时只用石头建造了寺庙、修道院、舍利塔、大厅和庭院。古老的泥屋和木宫殿没有留下任何东西,但是墙壁和平面图让人们知道,这里曾经存在过一个繁华的大都市。1017年,当印度南部泰米尔的入侵者摧毁了这座城市后,阿努拉德普勒便被迫退出历史舞台。大多数寺庙的废墟上可能已经长满树木,但当地的稻农并没有忘记这个佛教中心,并依然视之为最重要的圣地。1820年英国人"发现"了这座古老的王家城市,事实上100年前他们就开始了发掘。今天,阿努拉德普勒圣地再次吸引了来自世界各地的佛教信徒和文化旅行者。约7万居民居住在这个公园般的废墟旁边。

景点

最主要的景点是舍利塔,除此之外还有古城区3个大型的观光水库,但他们都相隔较远。如果想要观光的话,可以使用几乎所有酒店都会提供的出租自行车(每日250卢比起)。
🕐 每日日出至约19:30 ¥ 门票25美元

无畏山寺(Abhayagiri)

在公元前1世纪时这个巨大的寺庙建筑群是大乘佛教的中心。这里大部分地方仍然是杂草丛生,一个大型的舍利塔矗立在中心。该建筑群还包括一尊禅修佛〔三昧佛(Samadhi-Buddha)〕、洁净浴〔双子池(kuttampokuna)、双子浴(Doppelbad)〕、修道院组合房屋(来源于8世纪的石宫)和雕像屋(马哈舍那宫)的遗址,还有岛上<mark>当地情报</mark>最令人印象深刻的月光石,这是一个带有动物和植物装饰的半圆形石头。如果您想要了解这个2平方千米的寺院建筑群的概况,建议提前参观无畏山寺博物馆(Bhayagiri-Museum),博物馆中除了佛像和铭文

文化金三角

之外，还有修道院的模型。🕐 10:00—17:00 ¥ 包含在门票价格中

考古博物馆（Archaeology Museum）

考古博物馆坐落在圣城，有两层楼，并且是露天展览。🏠 Thuparama Mawatha 🕐 周三至周一8:00—17:00，节假日休息

菩提树（圣菩提寺）★

乔达摩·悉达多（Gautama Siddharta）在北印度的菩提迦耶（Bodhgaya）时，就是在这样一棵菩提树下顿悟，开创了佛教。从那以后，这种树就被认为是神圣的，它被称为知识之树或启蒙之树。位于阿努拉德普勒的圣菩提树是印度北部历史上菩提树的分支，被认为是亚洲最古老的树木。它立在一个由金色格栅构成的基座上。一整天它都是许多朝圣者的目的地，特别是在灵修仪式期间，每一次灵修仪式都是由鼓声宣布开始。6:00一次，10:30一次，最有气氛的是18:00后的黄昏。¥ 200卢比

伊苏鲁姆尼亚（Isurumuniya）

石庙靠近皇家花园，也靠近蒂瑟默哈拉默湖（Tissa Wewa）和旅馆。它的起源可以追溯到公元前3世纪。这里主要景点有岩石上的浮雕，其展示了沐浴中的大象，还有于寺庙旁的小型博物馆展出的5世纪或6世纪的雕塑杰作《爱人》。🕐 节假日以外的8:00—17:00 ¥ 门票200卢比

祇园精舍博物馆（Jetavana Vihara & Museum）

这里有曾经全国最高的舍利塔，高达115米，但在长时间荒废后倾纪，现在已经经过了全面的修缮，恢复到了71米。源于3世纪的圆顶建筑是3个主要寺院的中心并在马哈塞纳国王的统治下建立了严格的改革秩序。在舍利塔轴点的祭坛建造的浮雕可谓是巧夺天工，离它一步之遥的地方就是祇园精舍博物馆，其中展览了寺庙中的珍品，包括了珠宝和金饰。🕐 8:00—17:30 ¥ 包含在门票价格中

鲁般瓦利舍利塔

这个令人惊叹的白色舍利塔又名大舍利塔（Maha Thupa），是由国民英雄杜都伽摩尼（Dutthagamani）国王在公元前2世纪建造的，在他去世后才竣工。大约100年前人们开始修复

必游景点

★菩提树（圣菩提寺）
佛祖悟道的菩提树分支，可能是亚洲最古老、最神圣的树。→ P.79

★丹布勒
在5座石窟中有经过了数百年雕琢的雕像和壁画。→ P.83

★米内瑞亚国家公园
这里的保护区以其成群的大象而闻名。→ P.85

★伽尔寺
这里的佛像吸引着所有游客。→ P.86

★锡吉里耶
这里的文化景观和自然景色让人流连忘返，顺着陡峭的石径登上锡吉里耶古城是到斯里兰卡旅行一定要有的经历之一。→ P.89

斯里兰卡

供奉着佛祖的佛骨碎片的都波罗摩塔是斯里兰卡最早的舍利塔

这座塔,并在约40年前完成了修复工作,镀金的塔顶终于重焕光芒。在4座祭坛的前面,供奉着花卉和祭品。平台的外墙由350头石象装饰。

都波罗摩塔(Thuparama)

都波罗摩塔是斯里兰卡最古老的舍利塔,是由第一个皈依佛教的国王天爱帝须王命令修建的。塔顶的外观源于1862年,塔里还保留着佛陀的锁骨。

当地精选 人工湖

自古以来人工湖就灌溉着岛中心的干燥区。阿努拉德普勒的废墟中有3个大人工湖,其中一个是斯里兰卡岛上最古老的巴斯克苏拉马湖(Bassawakkulama),它建于近2500年前,另外两个是蒂瑟默哈拉默湖(一个著名的游泳圣地)和被誉为"水鸟天堂"的努沃勒湖(Nuwara Wewa)。

城堡(Zitadelle)

这个开放的建筑群北临都波罗摩塔,现存的墙壁曾经包围着以前的王宫、佛牙寺和救济院。其中只保留了一个8米长的石米槽,穷人和僧侣由此得以果腹。

美食

在大型酒店吃饭最好。您可以在豪华旅游假日酒店(Grand Tourist Holiday Resort)的阳台(🏠 4 b/2 Lake Road ☎ 025 2 23 51 73 ¥ ¥)享用米饭和咖喱,欣赏美丽的湖景。

文化金三角

户外活动

当地锦囊 乡村花园旅馆

乡村花园旅馆是一个淳朴的旅馆，拥有舒适的房间和一个幽静的花园。这里距离阿努拉德普勒北部约有20分钟车程。在这里，您可以漫步穿过村庄，观看水库附近的水禽，骑自行车游览周边的地区。此外，店主穆塔利夫（Muthalif）也提供各种短途旅行服务。🏠 55 Mosque Road, Ihalakotiyawewa, Parasangaswewa 📞 071 3 12 15 70 @ www.anuradhapuratours.com

住宿

小天堂（Little Paradise）

宾馆隐藏在街道后面一片较大的地方，里面设有带阳台的独立客房。店主的家庭厨房提供好吃的咖喱菜肴。6间客房。🏠 622/18 Godage Mawatha 📞 025 2 23 51 32 @ www.littleparadiseanuradhapura.com ¥¥

棕榈花园村酒店（Palm Garden Village）

棕榈花园酒店距离古老的王城约4千米。这座别墅位于一个带大型游泳池的综合建筑内，共有40间客房和10间套房。🏠 Puttalam Road, Pandulagama 📞 025 2 22 39 61 @ www.palmgardenvillage.com ¥~¥¥

兰迪亚酒店（Hotel Randiya）

这里的房间舒适，环境优美，且位于市中心。34间客房。🏠 394/19 A Muditha Mawatha 📞 025 2 22 28 68 @ www.hotelrandiya.com ¥¥

水之边（Water's Edge）

这是一个靠近水的、漂亮的小屋，周围有很多热带的植物。共有3间漂亮的房间，您可以在水库后面看到舍利塔。🏠 23 Jaya Mawatha 📞 025 2 22 68 93 @ www.backofbeyond.lk ¥¥¥

周边景点

阿华卡纳（折页 E9）

这里位于阿努拉德普勒和丹布勒石窟之间的凯基拉沃（Kekirawa），在这里乘坐巴士或驾驶汽车在A9高速公路向西行驶。您可以沿着卡拉维瓦（Kala Wewa）水库行走，该水库已经为100多个村庄供水1500多年，在清晨和傍晚还会创造出一种奇妙的氛围。如果您有时间的话，也可以沿着岸边漫步。

游览实际目的地是 ● 阿华卡纳佛像（距离阿努拉德普勒50千米）。祝福佛像的形象是5—8世纪间在倾斜的岩石上雕刻出来的，对于其确切的竣工时间，学者还在争论。另外，此佛像高达12米，是最大的独立式斯里兰卡风格的雕塑（基座大约高14米）。它还是除了波隆纳鲁沃伽尔寺的雕像中最令人印象深刻的雕塑。寺庙的专职方丈为附近村民建立了一所学校，您可以为学校捐款。🕒 7:00—18:00 ¥ 门票1000卢比

密亨达勒（折页 E7）

在圣山的山顶上有一座舍利塔，是为了纪念阿努拉德普勒的国王天爱帝须与印度僧侣摩哂陀（Mahinda）

斯里兰卡

密亨达勒山被认为是斯里兰卡佛教的摇篮

的会面而建造的。摩哂陀是印度皇帝阿育王的亲戚兼使者，他促使阿努拉德普勒国王皈依了佛教。那时大约是公元前250年。从那时起，在阿努拉德普勒以东12千米处，一座由彩绘洞穴、寺庙、舍利塔和古代蓄水池组成的建筑群就吸引着大批信徒前来。通往圣地要攀爬很多台阶，经由一条小路便可到达密亨达勒最古老的舍利塔卡纳塔克邦塞提亚（Kantaka Cetiya）。参观旧址最好在8:00之前就出发，那时不会太热，也不会太拥挤。🅈 门票500卢比

维勒珀图国家公园（Wilpattu National Park）（折页B-D 6-8）

因为内战，斯里兰卡最大的国家公园多年来一直关闭，如今终于面向大众开放。这个1317平方千米的保护区从阿努拉德普勒向东延伸至海岸。在公园的40个湖泊周围可以看到许多水禽，甚至还有机会看到豹子、懒熊、大象或麋。作为干旱地带的一部分，这里土壤都呈现沙质，树木覆盖率极低。🅈 门票15美元（加上税费和服务费）

亚帕瓦沃（Yapahuwa）（折页D10）

令人惊叹的岩石堡垒位于阿努拉德普勒以南75千米的山坡上，靠近与马霍的交界处。在13世纪，它一次又一次地成为统治者的避难所。之后亚帕瓦沃就渐渐成为僧侣的住所。即使在今天，这里还有一个寺院。虽然防御建筑群和宫殿建筑群几乎完全消失，但经过大规模修复后，陡峭的楼梯已经运作良好。仿照南印度的模式，石匠在台阶上做了漂亮的装饰。堡垒由两只后来被印在10卢

文化金三角

比纸币上的守护狮保卫着。 8:00—18:00 门票1000卢比

丹布勒

（折页F10）**寺庙里仍然有僧侣在居住。天气炎热的时候，在裸露的岩石上走到这个著名的洞穴可能会让人筋疲力尽，但这是值得的！**

在丹布勒★的洞穴入口前方约340米的高度望，这份景象可以补偿您所付出的劳累——里面的绘画和雕像都值得这次攀登。客人可以参观以佛教装饰的5个洞穴。绘画都是2000年来由僧侣绘制而成的，其中最早的作品来自前基督教时代，最新的作品来自20世纪。在一些洞穴中，特别是第一个德瓦拉达（Devaraja）神王窟，岩画遭受了数世纪以来使用蜡烛和香烛烟气的破坏。第一个石窟以斜倚的佛像为基础，高达14米，与波隆纳鲁沃的伽尔寺佛像一样高。

第二个石窟是最大的，其中一个佛像用阿华卡纳相似的方式站立着。另一个特别之处是：石窟的水不断从山上滴下来。即使在干旱的几个月里，这股神秘的水源也不会枯竭。

中午温度较高，攀登尤为困难。独自旅行请注意安全。 从日出到日落 门票1500卢比，最好住在坎达拉马湖（Kandalama Wewa）附近的酒店，特别推荐 当地 锦囊 **坎达拉马遗产酒店**（162间客房 0665 55 50 00 www.heritancehotels.com ¥¥¥），距离山区约1千米，有游泳池、餐厅和水疗中心，还提供充足的、奢华的服务。这是由斯里兰卡最著名的建筑师杰弗里·巴瓦设计的，凭借其高环保标准（独立的污水处理厂和先进的回收系统）还赢得了众多的奖项。另一个很好的住所是总面积达1.2万平方米的阿马亚湖酒店（Amaya Lake 0664 46 15 00 www.amayalake.com ¥¥¥），有92间小木屋和一些生态小屋，1个游泳池和一些阿育吠陀服务。

周边景点

那兰达寺（Nalanda Gedige） ●（折页F11）

这里位于丹布勒以南约24千米处，且正好是斯里兰卡岛的地理中心，其间有一个历史悠久的南印度风格的建筑，值得您从A9国家公路（马塔莱和康提方向）绕路而行。这座建筑矗立在马哈威利齐（Mahaweli）河畔至少有1000年了，但由于它拦截着全国最大的河流，所以那兰达寺如今

省钱有道

湖波酒店（Lake Wave Hotel 522/31 Lake Road, Stage 2 025 3 77 25 25 www.lakewavehotel.com）位于库姆比什钦库拉马，临近阿努拉德普勒南部的新巴士总站，有9个房间，是一个相对廉价的住所。

位于波隆纳鲁沃的德维旅行之家（Devi Tourist Home）有5间客房，其价格友好且环境舒适。 Lake View Watte，New Town Road 027 2 22 31 81

斯里兰卡

胡鲁鲁生态公园（Hurulu Eco Park）的大象路过的时候，一定要保证相机有电

正面临着沉没的威胁。人们参考埃及阿布辛贝（Abu Simbel）模型把这座建筑一块石头一块石头地拆除，并于1980年在一个岛上重建了这座寺庙。

从外墙上的浮雕就可以看出来，这座寺庙混合了印度教和佛教元素，据推测，它很可能是一个大乘佛教寺庙。¥ 门票免费

哈伯勒内

（折页 G9）这个小村庄坐落在文化金三角中心，位于A6国家公路（库鲁内格勒–亭可马里）与阿努拉德普勒和波隆纳鲁沃之间的A11的交会处。

作为一个理想的住宿地点，哈伯勒内几乎适合作为所有文化金三角景点游的起点。这里距离阿努拉德普勒仅有52千米，距离丹布勒30千米，距离波隆纳鲁沃49千米，距离锡吉里耶22千米。

哈伯勒内本身除了水库外没有其他景点，但距离酒店不远就有生活着很多大象的米内瑞亚国家公园（Minneriya National Park 🏠9千米）和里蒂格勒的寺院（🏠18千米）。此外，255平方千米的胡鲁鲁生态公园由于其拥有众多的大象也十分值得一

文化金三角

哈伯勒内水库北岸，这里的平房别墅是传统的泥屋风格。11间客房 📞 0773 74 99 04 @ www.tocsrilanka.com ¥ ¥¥

周边景点

米内瑞亚国家公园 ★（折页G9）

米内瑞亚水库周围88.89平方千米的自然保护区是许多水禽、水鹿和野生大象生存的家园。在每年6月至10月的旱季，您可以在水库的边缘发现<mark>当地 锦囊</mark>100多头大象聚集在这里。国家公园的入口位于哈伯勒内以东9千米处，且通往波隆纳鲁沃。向北则延伸至卡杜拉国家公园。¥门票15美元（含税费和服务费）

里蒂格勒（折页F8-9）

神秘的丛林、古老的遗迹、清幽的环境——里蒂格勒自然保护区成了文化金三角中极富吸引力的地方。这座山峦高766米，耸立在广阔的平原上。因其是严加保护的自然保护区，所以人们必须格外小心。这儿还有一个遗留下来的有着1000多年历史的隐居者的住所，曾经的一群森林僧侣（Pamsukulika）就在这里以隐居和禁欲的状态生活。一条长约600米的小路穿过水池、水疗中心和步行冥想的平台。从阿努拉德普勒方向的A11国家公路的分支路过可以到达这个遗址。¥门票免费

游。这个保护区一直延伸到哈伯勒内西北几千米处。¥门票12美元（包含税费和服务费）

美食/住宿

辛纳蒙度假村（Cinnamon Lodge）

美丽的小木屋风格的酒店坐落于公园般的场地上，设有游泳池、网球场和非常好的餐厅。141间客房 🏠 在水库旁 📞 066 2 27 00 11 @ www.cinnamonhotels.com ¥ ¥¥

另一角（The Other Corner）

一个有大片绿地的小天堂坐落于

波隆纳鲁沃

（折页H9）阳光下重新修建过的佛塔熠熠生辉，有着庞大根系的大

斯里兰卡

波隆纳鲁沃12米长的涅槃前佛像

树参天而上,佛像孤单地立在岩石中,波隆纳鲁沃景色迷人。骑自行车穿过考古公园,需要用想象去构建其昔日繁荣的生活。

不朽的修道院萦绕着佛教僧侣的歌曲,士兵们尽职地守卫着宏伟的宫殿。波隆纳鲁沃的历史非常复杂。10世纪,在100千米外的第一座王家城市阿努拉德普勒被南印度人夷为平地后,他们选择在波隆纳鲁沃建立堡垒。当占领者最终在1070年被驱逐出境时,斯里兰卡的国王已在这里创造了宏大的寺院、巨大的水库并以伽尔寺著名的佛陀为原型建造了斯里兰卡岛上最壮观的岩石浮雕,直到14世纪,所有的东西都隐入了丛林。

景点

遗址很大,通往那个伟大时代的路修建得很好,人行道上有休息的地方和乘凉处。如果您有时间,您可以 当地佻囊▶骑自行车来充分探索这个地方。水库边上的许多酒店都提供自行车租赁服务,且费用很低（ Y 每日300卢比）。如果您想在波隆纳鲁沃度过一天,推荐伽尔寺等景点（ ⏰ 7:00—18:00 Y 门票25美元,可在博物馆购到）。

伽尔寺★

这里是波隆纳鲁沃最美的地方：4座佛像筑在一块巨型花岗岩上,和周围环境浑然一体。一个看上去没有那么美观的屋顶庇护着它们,同时展示着12世纪的雕塑艺术。2个处于冥想状态的佛像技艺精湛,彼此对称,1个具有未知手势的站立形象显得格外神秘。12米长的佛陀卧在有莲花图案的、美丽的圆形枕头上。

四方庭院

几座寺庙的遗址都位于曾经的圣区中心。最古老的大概是阿塔达格神庙（Atadage）,在1100年左右其作为供奉佛牙的寺庙而建立。不久之后这个遗址就被扩建了,如今在康提也会受到供奉。瓦塔达吉（Vatadage）

文化金三角

的遗址就在它的南边,虽然这座圆形寺庙只是旧墙的一部分,却让人非常震撼。4个佛像分别守着4个入口。都波罗摩塔是波隆纳鲁沃保存最完好,也可能是最古老的建筑。这座曾经的"佛像之屋"的屋顶让人想起南印度的寺庙建筑。在四方庭院的一个角落矗立着加尔波塔(Gal Pota),就是所谓的"石书",国王尼桑卡马拉(Nissanka Malla)将他的英雄事迹刻在了巨大的石头上(8米长,近1.4米宽)。

国王雕像

国王距离废墟区约步行10分钟的路程,沿着水库的坝顶走,您可以看到稻田、旅舍和废墟美丽的景色。岩石上的浮雕上是一个留着胡须的男人,他上半身裸露着且带着满意的表情,双手向外伸出一个细长的东西——是一张写在棕榈叶上的手稿还是一根枷锁?这个雕像是否真正代表了伟大的国王波罗迦罗摩巴忽一世(Parakramabahu I)我们也不得而知。

兰卡提拉卡寺(Lankatilaka)

曾经的画像楼和雕像楼都在这个最大的修道院建筑群里。它长约50米,宽约20米,大到令人震惊。这些柱子构成了现在约16米的无头站立佛像。在这个废墟的北面是奇瑞寺(Kiri Vihara),它的名字意为"兰卡的宝石"。穹顶上的光泽是因为上面的贝壳灰涂层,它象征着佛学的纯洁。

博物馆 ●

博物馆不仅讲述了这座曾经的王城的意义和对未来的展望,还在炎热的正午提供冷气。模型重塑了各种纪念碑和展览的原貌,证明了当时艺术上的繁荣。一众印度教青铜像非常引人注目,里面还有跳舞的湿婆的精美雕像。⏰ 9:00—18:00 ¥ 含在总门票里

宫殿区

旅馆的西北边是国王波罗迦罗摩巴忽一世和国王尼桑卡马拉(Nissanka Malla)的宫殿遗址,在那里您可以参观大厅、浴室和城堡。

书籍/电影

《汉密尔顿案件》(2008):这是米歇尔·迪·克力策(Michelle de Kretser)笔下的惊悚小说。当您开始阅读这部恐怖小说并跟随年轻有为的僧伽罗人山姆在20世纪30年代的斯里兰卡试图亲手破解谋杀案时,您似乎可以在客厅感受到杀气。

《斯里兰卡——一朵带刺的鲜花》:三联生活周刊出品,主题鲜明,深入介绍了欧洲殖民对斯里兰卡的影响,以及斯里兰卡内战和民族纷争。

《横冲直撞》:20世纪80年代曾引进到中国,长春电影制片厂译制。主要讲述的是一头小象为自己母亲报仇的故事。影片旨在提醒人们应与动物和谐相处。

斯里兰卡

僧侣正在向高处攀登,前往锡吉里耶城堡

美食/住宿

艾科湖屋(Ekho Lake House)

这座旅馆坐落在湖边。10间客房简约宽敞,阳台上充满了舒适的氛围。美味的食物(例如湖里的鱼)自然也少不了。📞 027 2 22 22 99 ¥

苏度阿拉利亚酒店(Hotel Sudu Araliya)

这是适合家庭入住的地方,它有一个很大的湖上花园,有30间漂亮的房间和1个大泳池。🏠 New Town 📞 027 2 22 48 49 @ www.hotelsuduaraliya.com ¥~¥¥

周边景点

吉利特莱(Giritale)(折页H9)

这座小城距离波隆纳鲁沃11千米,在A11公路附近,临近两个属于自然和鸟类保护区的古人工湖。从这里您可以开始观察自然和动物。您也可以骑自行车。此外,这里有几个舒适的酒店可以为旅客在游览之后提供良好的休息环境,其中鹿园酒店(Deer Park 📞 02 72 24 62 72 @ www.deerparksrilanka.com ¥¥)有最大的公共空间,强烈推荐。

梅迪里吉里亚(折页H8)

这座圆形寺庙(在波隆纳鲁沃以北40千米)参观人数较少,是由阿努拉德普勒的国王阿加博迪四世(Aggabodhi IV,667—683)下令建造的。这个寺庙可能在2世纪就已经存在。圣殿中间有4尊佛像。您在附近的丘陵中可以找到更多遗迹。

当地侧察 风景优美的道路一部分会沿着

文化金三角

古老的水道穿过文化三角区的水稻。古老的灌溉系统使得这种珍贵的谷物每年可以收获两次。

锡吉里耶

（折页 G9）锡吉里耶★红褐色的山岩如同一座耸立的高山，远远地就能看见它从平地拔地而起。

锡吉里耶的名字代表着世界著名的斯里兰卡文化。公元5世纪色彩鲜丽的锡吉里耶壁画《云端少女》的美丽值得您沿着陡峭的道路爬到山腰去观赏。早上8点左右开始爬最好，因为这时候不太热，也能赶在9:00游客高峰之前。

"云端少女"坐在岩石的一个有遮蔽的小角落里，连接着一个螺旋形的楼梯。自古以来，壁画上的妇女上身赤裸，手上拿着鲜花和水果向游客打招呼。她是公主、仆人还是仙女？或者说，是许多艺术史学家所假想的神圣的飞天女神阿帕莎拉（Apsaras）？

如果通往山顶的道路太陡峭，您可以从中间的平台欣赏美景。从石狮的两条爪子之间的陡峭小路开始，路边就有出售茶点和明信片的。在200米的高处您可欣赏到丛林壮丽的景色。距离正门不远有一个博物馆，通过模型和文物展示了锡吉里耶的历史。 ⏰ 7:00—17:00 ¥ 单程门票30美元

美食/住宿

皮杜兰咖拉超越酒店（Back of Beyond Pidurangala）

酒店位于丛林中，是靠近狮子岩的生态度假村。6间客房 📞 077 3 95 15 27 @ www.backofbeyond.lk ¥ ¥¥

杰特威茵酒店（Jetwing Vil Uyana）

这个大型生态度假酒店位于锡吉里耶以西10千米处。24间简易别墅坐落于池塘或稻田边上。这里有很好的水疗中心和有趣的旅游项目，周围还有许多野生动物。 📞 066 4 92 35 84 @ www.jetwinghotels.com ¥ ¥¥¥

拉科米尼旅馆（Lakmini Lodge）

这家旅馆价格实惠，非常靠近狮子岩，由家庭经营，有干净整洁的房间，还有美味的咖喱菜肴。18间客房 🏠 锡吉里耶路 📞 06 62 28 61 13 @ www.lakminilodge.com ¥ ¥

锡吉里耶酒店

酒店位置绝佳，可以看到狮子岩，还带游泳池。80间客房 📞 066 2 28 68 21 @ www.serendibleisure.com ¥ ¥

Sigiriya village Hotel

温馨舒适、设施齐全。可以在酒店眺望整个狮子岩全貌，自然景色优美，有很多小动物。 🏠 hotel road, Sigiriya 📞 0 66 2 28 68 03 ¥ 15000~20000卢比

东海岸

斯里兰卡岛的东部以岩石、稀树草原、丛林、人工湖和潟湖的景观为主。东部沿海有一些令人惊艳的海滩，亭可马里的尼拉维利（Nilaveli）、帕塞库达（Passekudah）和卡尔库达（Kalkudah）就位于拜蒂克洛（Batticaloa）以北30千米处，还有波图维勒（Pottuvil）南边的冲浪热门地点——阿鲁加玛湾。

当地佛龛 每年的5月到9月是这里露天浴场的开放季节，因为这段时间西海岸开始季风式降雨。内战在这里留下了痕迹，所以各处依然有军队的检查站，但整个地区还是洋溢着一种轻松的气氛。基础设施得到改善后，这里舒适的住处越来越多。后来，斯里兰卡岛的东部又成为一个很好的旅行目的地。友善的当地人无时无刻不期待着游客的到来。

阿鲁加玛湾/波图维勒

（折页 M14）尽管这里曾受到

内战结束后,斯里兰卡岛东部重新成为旅游胜地。

长期的内战和2004年海啸的严重打击,但现在的★阿鲁加玛湾又吸引了来自世界各地热情的冲浪者回到这里游玩。

这里有轻微弧度的海湾一直被认为是世界上最好的冲浪区之一。在这里,旅客可以找到简易的经济型住宿以及不错的海景别墅。

景点

穆杜玛哈寺(Mudu Maha Vihare)

您可以骑自行车前往位于附近穆斯林镇波图维勒南郊沙丘上的"海边大寺院"——穆杜玛哈寺。废墟、柱子和舍利塔都坐落在沙丘上。建筑的核心是1尊3米高的佛像和2尊与它相对的菩萨像。人们推断它可能受到5世

斯里兰卡

在阿鲁加玛湾这个冲浪者的天堂散步是非常惬意的

纪的大乘佛教的影响。¥ 门票免费

美食/住宿

当地精着 世外桃源酒店（Hideaway）

这家酒店位于海滩对面，是一个友好的度假胜地，距离大海仅3分钟路程。有美味的菜肴和愉快的氛围。共有5间卧室和7间小屋。❶ 063 2248259 @ www.hideawayarugambay.com ¥ ¥

暹罗风光酒店（Siam View）

这个度假胜地是冲浪者的据点，充满了多元文化。暹罗风光酒店提供3间简约的客房。餐厅供应美味的泰国美食，海滩酒吧提供清凉饮料和美味的生啤酒，而且定期举办海滩派对。❶ 077 3 20 02 01 @ www.arugam.com ¥ ¥

星尘酒店（Stardust）

20多年来，星尘酒店一直坐落在斯里兰卡东南海岸。酒店的创建者是彼尔·古德曼（Per Goodman）。2004年的海啸几乎摧毁了一切，他和两名员工也因此丧生，但是他的妻子默莱特（Merete）接手了他的事业。餐厅里提供丹麦和热带特色菜。主楼内有8间卧室，3间小屋。@ www.arugambay.com ¥ ¥~¥¥

户外活动

这里一年有330个晴天，24°C~28°C的水温和高达4米的海浪使得阿鲁加玛湾成为著名的冲浪胜地。过去穆斯林渔民常在海边小屋前修补他们的渔网，冲浪者则沿着1.5千米长的海湾步行到10个冲浪点中的任意一个。狭窄的海滩并不总是干净，而且海浪很大，所以仅适合

东海岸

有经验的冲浪者。如果您在旅行时没有带冲浪板，那么您通常可以在住处借到。此外，阿鲁加玛湾冲浪俱乐部提供冲浪课程（🏠 c/o Fawas Lafeer 📞 077 9 55 22 68）。

周边景点

库曼那国家公园（Kumana National Park）（折页 L-M 15-16）

库曼那国家公园位于阿鲁加玛湾以南，只需40分钟车程即可到达。在这个1180平方千米的公园内，琵鹭、灰鹦鹉和巨型鹳翱翔天际，沼泽鳄鱼也会露出锋利的牙齿。潟湖和库马纳水库充满了美味的鱼、螃蟹和各种爬行动物。库曼那位于亚勒自然保护区北部。大象、豹子和豺狼在每年7月都会前往卡达拉加玛，在途中它们会穿过多雨的稀树草原。同样行走在旅途中的还有朝圣者，印度教圣地奥坎德马拉穆鲁甘寺（Okanda Malai Murugan Kovil）会为他们提供舒适的休憩地。
⏰ 6:00—18:00 💴 门票2500卢比

拉胡加拉-基图拉那国家公园 ●（折页 M14）

在波图维勒以西约18千米处，沿着A4公路行驶15.5千米，就能到达这个斯里兰卡最小的国家公园。保护区始建于1980年，是东亚勒国家公园（National Park Yala East）和加尔奥亚国家公园（Nationalparks Gal Oya）之间的通道。特别是在每年8月到10月之间，这里极可能会出现一群大象，幸运的话，您可以在A4公路上看到它们。来到这里的鸟类爱好者可以看到100多种鸟类，所以一定会不虚此行。参观完拉胡加拉-基图拉那国家公

园后您也可以顺便参观一下马格勒马胡（Magul Mahu）。💴 门票免费

当地精选 帕纳马（折页 M15）

如果您想看沼泽鳄鱼在沙洲上晒太阳，或者看鸟儿在鱼塘中嬉戏，就来帕纳马吧。它位于阿鲁加玛湾以南约12千米的地方，当地人称之为沿海小村庄。人工修建道路在库曼那国家公园的方向终止，这里的一切看起来都非常原始。出行最好选择在下午，在帕纳马潟湖旁散步或者乘船游览，会令您心旷神怡。帕纳马潟湖渔业管理委员会 📞 071 1 75 69 33

波图维勒潟湖（Pottuvil-Lagune）（折页 L14）

位于阿鲁加玛湾以北几千米处的是岸边长满红树林的波图维勒潟湖。这里的日出和日落时尤其美丽多彩。您还可以早点起床离开海滩，然后去坐渔民的小双体船。穿过平静的海水，大约划两个小时，您就能看到许

必游景点

★ 阿鲁加玛湾
这里是水上运动爱好者的最爱。对于冲浪者来说，这个安静的海湾是世界顶级冲浪地之一。→ P.90

★ 弗雷德里克堡（Fort Frederick）
这座荷兰式堡垒与湿婆神庙是斯里兰卡最重要的印度教圣地之一。→ P.95

★ 尼拉维利
斯里兰卡领先的酒店集团对亭可马里北部的1千米长的海滩有着宏伟的规划。→ P.96

前多水禽，有时还会看到野生大象、猴子和鳄鱼。🏠 Main St. 📞 063 3 73 04 04

拜蒂克洛

（折页 L10）拜蒂克洛是斯里兰卡东海岸的第二大城市，尽管这里的道路畅通、住宿条件好，但这里的游客还是很少。

尽管如此，潟湖上的船民们仍希望会有更多的客人前来，他们晚上会邀请您一起去听"会唱歌的鱼"歌唱。根据当地人的说法，要想听这种鱼唱歌，就要把它放在平静的海水中，把耳朵放在桨上。虽然大多数渔民都是泰米尔基督徒，但该地区的稻农（包括泰米尔人）都遵循印度教的宗教信仰。小城里也有穆斯林，其中主要是商人和卡车司机。1682年建造的荷兰堡垒是这座城市的主要景点，入口的大门插着两个生锈的枪管，装饰着东印度公司的徽章。**当地锦囊** 这里的海滩很美而且人少，比如附近的卡尔拉迪海滩（Kallady Beach）。距离海岸17千米的、最著名的遇难船"竞技神"号（又译"赫姆斯"号）吸引了众多潜水员，"竞技神"号是英国第一艘航空母舰，自1942年日本战机的一次袭击后一直沉在60米深的海里。

周边景点

帕塞库达和卡尔库达（折页 L9）

直到20世纪80年代初，位于拜蒂克洛以北约30千米处的帕塞库达和卡尔库达海滩还是东海岸最受欢迎的海滨度假胜地之一。但是内战爆发以来，这里变得很荒凉。如今，政府准备通过宏大的行动计划来复苏这里的旅游业。新的度假村正在全力建设，部分现已开放，比如精致高端的玛鲁玛鲁水疗度假村（Maalu Maalu Resort & Spa），它有现代化的房间和一个大游泳池，且设计相对简约（40间客房 🏠 Passekudah 📞 065 7 38 83 88 @ www.maalumaalu.com 💰¥¥¥）。

亭可马里

（折页 J6）如果没有印度教圣地湿婆神庙和斯瓦米岩（Swami Rock），亭可马里其实只能算一个尘土飞扬、默默无闻的沿海城市。

省钱有道

乘坐从科伦坡到亭可马里的二等舱火车票不到40元人民币。您可以在哈伯勒内或加尔奥亚枢纽站下车，去参观文化金三角。

沙希拉酒店（Shahira Hotel）位于尼拉维利海滩（Nilaveli Beach），距海滩仅100米，提供简约美观的客房，且带阳台和风扇，价格合理，服务周道。共有28间客房。📞 026 5 67 02 76

友好的小潟湖青旅（Little Lagoon Hostel）提供适合冲浪者入住的经济型住宿，设有4人间。共有3间客房。🏠 Panama Road 📞 071 7 13 83 66 @ www.facebook.com/llharugambaysrilanka

东海岸

在市场上聚在一起；纸牌游戏是一种打发时间的好办法

这里的海湾被山峦环绕着，有美丽的天然海港（被海军严密把守）。周围还有热闹的渡轮码头、近郊的农村，当然还有直接与北部城市相连的美丽海滩。正如当地人所说，亭可马里在20世纪八九十年代局势动荡。泰米尔猛虎组织一旦进入港口，政府军就会击沉对手的船只，如今形势已经平静。A6公路修建得很好，所以从文化金三角中心的哈伯勒内开车2小时之后便可到达东海岸。沿路的美景也值得边坐火车边欣赏。

景点

弗雷德里克堡 ★

所有主要的景点都位于达奇湾（Dutch Bay）和贝克湾（Back Bay）之间的一座半岛上，步行即可抵达。耸出海面的"鼻子"几乎完全由1803年就被加冕为约克公爵的弗雷德里克建造，建造完成时它高出湿婆神庙130米。这座寺庙是为了纪念希瓦（Shiva）而建的，此前葡萄牙人将其摧毁，于1624年用石头建造了堡垒后又于1952年重建。后来，堡垒被英国人占用，现在是斯里兰卡的军营。据说在泰米尔人统治东海岸的全盛时期，湿婆神庙约有1000座。冲浪时可以在岩石底下看到斯里兰卡岛历史上最壮观的印度教寺庙的残片。现在在寺庙中供奉的林伽，是生育的象征。它来自之前的建筑，是潜水员从海里找回来的。每日7:00、11:30和16:00在这里都会举行丰富多彩的仪式活动。如果您想在这里拍照，需要事先征得许可。

若您站在堡垒最高点斯瓦米岩向下看，会不由得一阵战栗。这里也被称为情人崖（Lover's Leap），因为在1687年，弗朗西娜·范·莱德（Francina Van Rheede）就是在这里跳

斯里兰卡

海，嫉妒、被轻视的爱和故事就这样发展，这位年轻的荷兰女子最终幸存下来。🎫 门票免费，通过弗雷德里克堡路的大门进入

卡利安曼寺（Pathirakali Amman Kovil）

这里距离堡垒入口不远，在滨海路（Dockyard Road）、滨海艺术中心（Esplanade）和麦克海泽体育场（Mc Heyzer-Stadion）对面，有另一座印度教寺庙，供奉着亭可马里的守护神卡利（Kali），庙内有一座装饰得多彩的塔。卡利安曼寺的历史可以追溯到11世纪，根据南印度的说法，也叫庙塔，它们纪念着许多印度的神话故事。🕐 白天开放 🎫 门票免费

美食/住宿

城市里有一些简单的餐馆，还有精心装修的荷兰银行咖啡厅（Dutch Bank Café 🏠 88 Inner Harbour Road ¥ ¥）。在乌普韦利海滩（Uppuveli Beach）的棕榈滩度假村（Palm Beach Resort 🏠 12 Alles Garden ¥ ¥），您可以享用美味的意大利美食。一定要按时预订！

西纳蒙特林克布鲁酒店（Trinco Blu By Cinnamon）

20世纪70年代以来，这个酒店就开始蓬勃发展，2010年进行了全面翻新。酒店拥有81间客房和小木屋以及1个大型游泳池，您可以在美丽的乌普韦利海滩放松身心。推荐您乘小艇或帆船观赏海豚。81间客房 📞 026 2 22 23 07 @ www.cinnamonhotels.com ¥ ¥¥~¥¥¥

迎宾酒店（Welcome）

酒店由一个英国殖民者于1936年建造，是这个城市第一家可以欣赏到天然海港美景的酒店。它的菜肴味道非常好，还提供各种海鲜。26间客房 🏠 66 Orr's Hill 📞 026 2 22 23 73 @ www.welcombehotel.com ¥ ¥¥

周边景点

库查维利（Kuchchaveli）（折页 J6）

这个不起眼的地方位于亭可马里以北34千米处。丛林海滩优家度假酒店（Uya Jungle Beach Resort，48间客房 🏠 Pullmudai Road, Km 27 📞 026 5 67 10 00 @ www.ugaescapes.com ¥ ¥¥¥）是一个完美的地方，适合那些想要将海滩度假与自然体验相结合的人。您可以在附近看到全国最大的盐田，也可以乘船游览卡卡拉瓦潟湖（Kalkarawa-Lagune）和布达瓦图潟湖（Pudawakattu-Lagune），冬天还能看到100多种鸟类。从这里出发也很容易到达北方约30千米处的科基莱鸟类保护区（Kokkilai Bird Sanctuary），红树林中的火烈鸟、鹳和鳄鱼都在这里嬉戏。

尼拉维利★

亭可马里以北15千米处是东海岸最著名的尼拉维利海滩。内战结束之后这里的人们一直保持着乐观的心态，来这里游玩的住客也在持续增加。鸽子岛（Pidgeon Island 🚢 每艘船22美元，门票2000卢比）距离海滩300米，是热门旅游目的地。旅行由酒店和自由职业者组织。此外，还提供赏鲸之旅。尼拉维利潜水中

东海岸

心（Nilaveli Diving Centre @ www.nilavelidiving.com）安排去往珊瑚花园或红岩北部的潜水活动。尼拉维利海滩酒店（Nilaveli Beach Hotel 80间客房 ☏ 026 2 23 22 95 @ www.tangerinehotels.com ¥ ¥¥）适合家庭入住，这里有泳池和漂亮的露天餐厅，是最受欢迎的住宿地之一。鸽子岛海滩酒店（Pigeon Island Beach Hotel ☏ 026 4 92 06 33 @ www.pigeonislandresort.com ¥ ¥¥）有游泳池和44间时尚客房和套房，同样值得推荐。

特瑞亚（Tiriyai）（折页H5）

当地锦囊▶圆形广场上立着一些精美的柱子，高耸入云。远处的佛像和周围的灌木丛、丛林，足以让您在这里待上一个下午。从尼拉维利沿着海岸公路行驶35千米到特瑞亚渔村的腹地参观圣地吉里盘陀寺（Girihadu Seya）。据说，这个圣地供奉着8根佛陀的头发。这里还有一个年代久远的小便池，感兴趣的游客可以前去参观。¥ 门票500卢比

乌普韦利（Uppuveli）（折页J6）

长达5千米的海滩从亭可马里北部开始绵延，周边旅馆主要吸引经济型游客住宿，但是这里的房间数量有限。推荐海莲花园酒店（Sea Lotus Park Hotel，54间客房 ☏ 026 2 22 53 27 @ www.lotustrinco.com ¥ ¥~¥¥）。在附近的桑帕尔希维（Sampalthivu），有一个英联邦军事公墓，长眠着1942年日本空袭的遇难者，当时亭可马里是英国在印度洋重要的海军基地。

位于尼拉维利海滩附近的泰米尔渔村

北 部

　　贾夫纳半岛如同一只从海中伸出的猫爪,充满生机的泰米尔文化和引人入胜的景观给人带来无限的惊喜。数十年内战的痕迹仍然可见,但人们仍然对未来保持乐观的态度。

　　这里几乎没有旅游基础设施,但是那些踏上科伦坡和贾夫纳之间长达400千米的艰苦旅程的人定会满载而归。在泰米尔的大都市中,除了色彩缤纷的印度教寺庙——纳鲁尔坎达斯瓦米庙(Nallur Kandaswamy Kovil)外,还有许多殖民建筑可供参观。此外,保克海峡(Palk Strait)的荒凉岛屿则有一种非常独特的氛围。靠近斯里兰卡最北端的佩德罗角有迷人的沙丘景观。在这里到处都会遇到善良有趣的人。

贾夫纳

　　(折页 C1)这座北部的大城市并不是第一眼就能吸引人,因为到处都是尘土飞扬的道路和饱受战争蹂躏的建筑。

　　虽然这里并不一定有美好的节日

北部是泰米尔文化的核心——几十年来一直开放,并一直以冒险精神吸引着游客。

气氛,但是这里仍然值得一去。商店里有色彩缤纷的纱丽,电视里经常出现南印度短裤。当印度教教徒祈祷时,寺庙的钟声响起,斯里兰卡的佛教气息似乎淡去了。

景点

这几座教堂会让人想起过去的殖民时期,如修道院路上的罗萨利亚修道院(Rosarian Convent)或主街上的圣玛丽大教堂(St. Mary's Cathedral)。从远处就看到典雅的钟楼,过去这里附近的生意一直很好,直到战争中建筑被摧毁,在这场战争中,著名的贾夫纳公共图书馆(Jaffna Public Library)也未能幸免。1981年,冲天大火吞噬了这里,约9.7万件

斯里兰卡

坎塔罗待圣地（Kantarodai）

作品永远丢失。直到2004年，这座以印度马格勒宫殿（Mogul Palace）为蓝本的建筑才重新开放（仅允许从外面参观）。

古堡

贾夫纳潟湖边缘的五星古堡现在已经成为一个著名景点，但是还有很多工作要做。因为在20世纪90年代早期，在斯里兰卡政府军与猛虎组织的战斗中，多座建筑被摧毁。该堡垒是在1618年由葡萄牙人建造的，现在堡垒的修建者可以追溯到1658年占领贾夫纳的荷兰人。1795—1948年间，这里是英国驻军的领地。斯里兰卡独立后，这里仍被用作军事设施。"十"字形的克鲁斯克尔克（Kruys Kerk）目前仍在修建。

纳鲁尔坎达斯瓦米庙★

光是贾夫纳东北部的印度教圣地就值得您来参观。这里供奉着战争之神穆卢甘，是斯里兰卡最重要的印度教朝圣之地。即使从远处看，纳鲁尔坎达斯瓦米庙也能因其典雅的弧形屋顶而引人注目。与许多其他建筑一样，1620年这里被葡萄牙人摧毁。现在设施中最古老的建筑可以追溯到18世纪中叶，但鲜明的红白条纹墙只能追溯到1909年。内部分为两部分，南侧有1个带有水池的庭院，北侧是各种宗教圣地。特别是著名的纳鲁尔音乐节，从7月新月的第6天开始，一直持续4周，还会有成千上万的朝圣者前往贾夫纳。那里的人们几乎每日都在游行，寺庙里人山人海。男性只允许赤裸上身进入室内，并且不允许拍照。5:00、10:00、12:00、16:00、17:00和17:30的庄严仪式最有氛围。🕐 4:30—5:30，7:30—12:00，15:00—18:30 ¥ 门票免费 🏠 Temple Road

美食/住宿

贾夫纳是南印度素食的基地，例如杧果餐厅（Mango Restaurant 🏠 359/3 Temple Road ¥¥），还有阿克沙泰餐厅（Akshathai 🏠 60 Standley Road ¥¥）味道也不错。

贾夫纳文化酒店（Jaffna Heritage Hotel）

装饰典雅的精美酒店里设有小型游泳池和漂亮的花园。因为开设在寺

北部

庙附近，所以没有酒，只有素食。共有10间客房。🏠 Temple Road 📞 021 2 22 24 24 @ www.jaffnaheritage.com ¥ ¥¥

杰特威贾夫纳酒店（Jetwing Jaffna）

这里处于中心位置，其客房融入了当地的风格，十分别致，并且提供美味的泰米尔美食。员工主要来自本地，都经过内部培训，酒店价格合理。有55间客房。🏠 37 Mahatma Gandhi Road 📞 021 2 21 55 71 @ www.jetwinghotels.com ¥ ¥¥

周边景点

岛屿（折页A-B 1-2）

推荐您参观位于保克海峡浅水区的岛屿。由于降雨量少、人口稀少、土地贫瘠，这里有一种特别的氛围。其中卡赖岛（Karaitivu）、韦勒奈岛（Velanai）和蓬库杜岛（Punkudutivu）3个岛通过可通航的水坝相连。最大的岛屿韦勒奈岛位于贾夫纳对面。1716年建立的圣詹姆斯教堂（St.James Church）是不容错过的景点。南部的雀尔提海滩（Chaddy Beach）在韦勒奈岛，但是不一定可以游泳，这里还有一个连接蓬库杜岛和奈纳岛、代尔夫特岛（Delft）的渡轮。奈纳岛被僧伽罗人称为蛇岛（Nagadipa），是北方最重要的佛教圣地之一。据说，开悟的人来过岛上解决蛇王和他侄子之间的争吵。如今，仍然有一座佛塔纪念着这件事。坐渡轮大约需要1个小时才能到达50平方千米的代尔夫特岛，在那里您可以看到野马、粗大的榕树和芦荟灌木。★木麻黄海滩（Casuarina Beach）是一个游泳胜地，木麻黄树和与其同名的细狭沙滩向岛屿北侧延伸至灯塔。遗憾的是，这里没有旅馆提供住宿。

坎塔罗待（折页C1）

坎塔罗待位于贾夫纳往北12千米处，在琼纳卡姆（Chunnakam）附近。普拉纳寺（Purana Maha Raja Vihara）这个圣地也在其中，寺内有20个半球形的微型佛塔。在公元前2世纪到公元13世纪之间这里很可能有一座佛教寺院。此外，这座高达2米的佛塔内存放着僧侣的遗体。

佩德罗角★（折页D1）

斯里兰卡的最北端引人入胜的景观值得您来参观。机场附近有一个可以停靠的地方，是印度教寺庙圣塞尔瓦查尼庙（Sri Selvachchannithi Kovil）。从曼卡拉拉往东走可以看到沙丘，一些在海啸之后重建的渔村就坐落在那里。

必游景点

★**纳鲁尔坎达斯瓦米庙**
在贾夫纳最重要的印度教寺庙里，您会惊叹于多彩的神灵世界。→ P.100

★**木麻黄海滩**
尽管卡赖岛上的木麻黄海滩没有东海岸的海滩那么美，这里仍是一个游泳胜地。→ P.101

★**佩德罗角**
这里是斯里兰卡的最北端，有让人难以忘记的美景。→ P.101

独特体验之旅

① 斯里兰卡最美之旅

起点：❶ 科伦坡
终点：㉒ 尼甘布

20天
乘车时间
约29小时

路程：
➜ 1750千米

费　用：约3200美元／2人，其中包括约1010美元的租车费、约1360美元的住宿费（四星或五星酒店）、约270美元的门票、约560美元的餐饮费。
携带物品：登山靴、游泳衣。

在这次旅程中，您将对斯里兰卡的各个方面有一个全面的了解。除了西海岸和南海岸的著名海滩，您还可以了解这里的高原和富有历史气息的文化金三角地

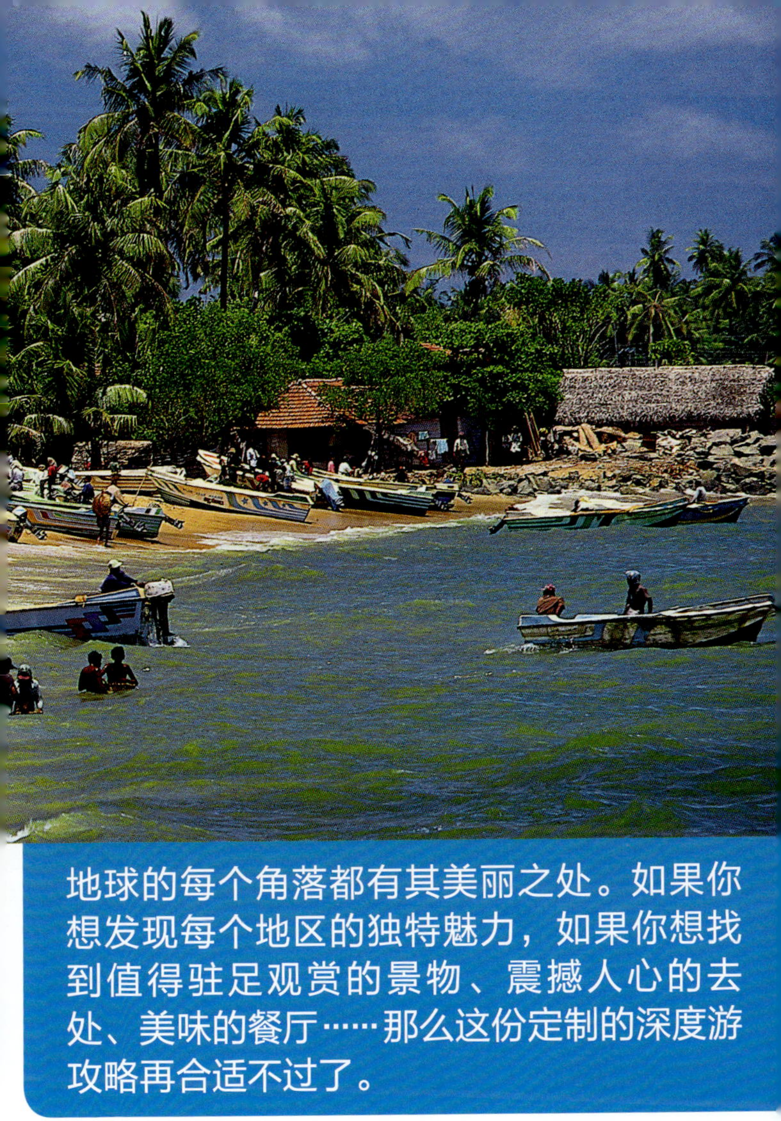

地球的每个角落都有其美丽之处。如果你想发现每个地区的独特魅力，如果你想找到值得驻足观赏的景物、震撼人心的去处、美味的餐厅……那么这份定制的深度游攻略再合适不过了。

区。由于道路条件的改善，您现在能够轻松抵达东海岸和游客较少的北部。

首都❶科伦坡→P.35可以作为长达3周的完美环岛之旅的开始。第1天可以在有着多元文化的贝塔游览，然后在加勒菲斯酒店的海景房放松一晚。第2天沿着印度洋的沿海公路向南走。可以选择在❷本托

第1天
❶ 科伦坡
65千米
第2天
❷ 本托特
55千米

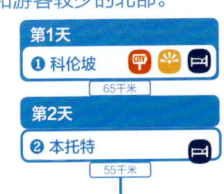

上图：尼甘布海滩上的渔船

斯里兰卡

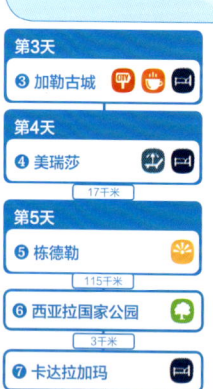

第3天
❸ 加勒古城

第4天
❹ 美瑞莎
17千米

第5天
❺ 栋德勒
115千米
❻ 西亚拉国家公园
3千米
❼ 卡达拉加玛

特→P.48位于海滩旁边的泰姬维梵塔酒店住宿。继续出发,来到历史悠久的❸加勒古城→P.52,古老的围墙、惬意的小巷和咖啡馆绝对不会让您失望,住在现代的杰特威灯塔酒店也是很好的选择。

继续沿着南部海岸走,可以在❹美瑞莎→P.54的静谧海湾稍事停留,然后去马特勒游览❺栋德勒→P.59,在这里有一座灯塔,它位于斯里兰卡的最南边。下午您可以参观❻西亚拉国家公园→P.56的野生动物园,然后前往附近的朝圣地❼卡达拉加

独特体验之旅

玛→P.56，入住蔓达·罗森酒店（Mandara Rosen Hotel，20间客房 🏠 57 Detagamuwa 📞 047 2 23 60 30 @ www.mandarahotels.com ¥¥）。

　　向东北方行驶，一路的风景都十分优美，您还会穿过一部分国家公园。首先经过韦勒沃耶，去欣赏❽普杜鲁瓦格勒→P.65的由岩石雕刻的佛像，随即前往❾埃勒→P.62。在这里您能看到令人惊叹的整座山峰。继续前往古老的避暑胜地❿努沃勒埃利耶→P.71，您可以看到这里宏伟的殖民时期的建筑，早点出发前往⓫霍尔顿平原→P.74（包括3小时的徒步旅行），游览高原和茶园的美景后您可以前往⓬康提→P.65，这是斯里兰卡最后一座王家城市，也是著名的佛牙的所在地。您应该在这里停留两晚好好地参观这里（参见独特体验之旅2）。

　　驾车穿过郁郁葱葱的热带景观和香料园，就进入了文化金三角的中心地带。⓭锡吉里耶→P.89位于中心，所以推荐您住在锡吉里耶附近。下午可以先去参观⓮米内瑞亚国家公园→P.85，在那里很有可能看到大象。尽早开始攀登石头堡垒，您可以在堡垒中欣赏色彩鲜艳的《云端少女》壁画。继续前往第二个王家城市⓯波隆纳鲁沃→P.85，可以把汽车停在那里，骑自行车参观宏大的寺庙遗址（入口处可租自行车）。

　　参观完这些历史遗迹，您是不是想在大海中游泳？没问题！通过A11公路您可以从波隆纳鲁沃顺利到达⓰卡尔库达和帕塞库达→P.94的海滩。在这里游完泳，第2天您可以继续沿着东海岸向北行驶抵达⓱亭可马里→P.94。这座城市拥有著名的天然海港、美丽的海滩和多彩的印度教寺庙，所以应该停留两晚参观。通过A12公路您可以回到文化金三角地区，斯里兰卡佛教的发源地⓲密亨达勒→P.81实在不容错过。之后会很快到达斯里兰卡的第一个王家城市⓳阿努拉德普勒→P.77，推荐您骑行参观这里众多的古迹，很多旅馆都提供租赁自行

斯里兰卡

车的服务。第18天您可以通过A9公路前往⑳贾夫纳→P.98，一路上您会看到荒凉的景观，体验到内战在北部留下的痕迹。您已经在栋德勒到过了斯里兰卡的最南端，所以开车经过贾夫纳时也不应该错过㉑佩德罗角→P.101的岛屿最北端。开了一整天的车，最终到达海滨度假胜地㉒尼甘布→P.45。由于这里离机场很近，您还可以在出发前几小时在海滩上放松一下，或在罗马假日餐厅享用一下咖啡和蛋糕。

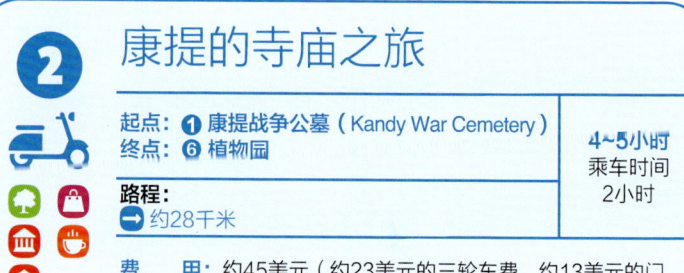

2 康提的寺庙之旅

起点：① 康提战争公墓（Kandy War Cemetery）
终点：⑥ 植物园

路程：
➡ 约28千米

4~5小时
乘车时间
2小时

费　用：约45美元（约23美元的三轮车费，约13美元的门票，约9美元的餐饮费）。
携带物品：水、防晒霜。

文化底蕴深厚、历史悠久和浪漫主义情调是这个地方的特色。这里有3座美丽的寺庙，1座历史悠久的军事公墓和郁郁葱葱的佩拉尼亚皇家植物园。您有很多机会了解这个国家和这里的人，比如通过这里非常典型的混乱的交通。

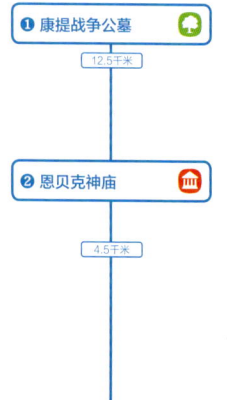

推荐您从多丹瓦拉（Dodanwala）德维尼拉贾辛哈大街（Deveni Rajasinghe Mawatha）的① 康提战争公墓出发。这里游客很少，打扫得干干净净的士兵坟墓和古树渲染了肃穆的气氛。您可以从康提前往佩拉尼亚郊区，然后沿着马哈威利齐前往安尼瓦塔（Aniwata）。随后继续前行，您一开始可能会有点不自在，因为在前往② 恩贝克神庙（Embekke Devale）的路上，您必须进入一直比较拥堵的科伦坡—康提路段。在佩拉尼亚的B505公路上您需要向南行驶，随后稻田、椰子树和花园等热带风情美景将映入您的眼帘。您不仅可以驻足拍照，还可以和居民聊天。这个圣地是一个以17世纪华丽的铁柱装

独特体验之旅

饰而成的开放式大厅，是供奉斯里兰卡岛的守护神卡达拉加玛之地。

　　这里连绵起伏的丘陵展现了田园诗般的风景。再往西北方向走，您可以看到在平坦的山脊上坐落着❸兰卡提拉卡寺，其外面围着巨大的墙壁。更让人震惊的是，该建筑建于1344年。每座殿宇都有自己的入口，东边的神殿供奉的是印度教的神灵，而西边的神殿供奉的是佛陀。❹加达拉德尼亚寺（Gadaladeniya）的北边融合了美丽的自然风光和古老的建筑。它也坐落于一个平坦的山脊上，墙壁很厚，很可能是同期建造的，并且两个建筑物的风格都受到佛教和印度教的影响。再走几百米，您可以参观❺皮拉马塔拉瓦（Pilimathalawa）的一家商店，那里有吊灯、台灯和其他青铜的工艺品，然后再回

❸ 兰卡提拉卡寺

4.5千米

❹ 加达拉德尼亚寺

❺ 皮拉马塔拉瓦

斯里兰卡

在加达拉德尼亚寺中,佛祖与印度教神灵被供奉在一起

❻ 植物园

到喧嚣的科伦坡—康提路。当您漫步在著名的 ❻ 植物园→P.71,欣赏令人惊叹的植物时,您又很快会忘记那里的喧嚣。游玩过后,您还可以去那里的自助餐厅享用美味的菜肴。

③ 山中的火车之旅

起点:❶ 科伦坡堡
终点:❼ 巴杜勒

路程:
➔ 总共约410千米,其中火车290千米

5天
乘车时间
10小时火车
5小时汽车

费 用:约340美元(约17美元的车票、约283美元的住宿费、约40美元的餐饮费)。

携带物品:夹克、登山鞋。

注 意:1005号火车(坡堤克梅尼克号)每日早上5:55从科伦坡堡站出发,1007号8:45出发,1009号(乌达拉塔梅尼克号)9:45出发。

★从炎热的科伦坡乘火车到凉爽的山区,是在斯里兰卡最幸福的体验之一。火车会经过棕榈树林和茶园、石高架桥和许多隧道。在老火车站,时间似乎停止了,显得十分静谧而恬淡,但同时这个国家凭借壮观的峡谷和崎岖的山路也展现了它雄伟的一面。

❶科伦坡堡站的清晨，火车前面挤满了乘客，那是成千上万的通勤族正在上班的路上奔忙。不到6:00，坡堤克梅尼克号列车开始了它从康提到巴杜勒的旅程。最初经过的景观似乎有点荒凉，大约2个小时后，山变得多了起来，树木也更加茂盛，稻田变成了梯田，铁路两边还有一些丛林。想要通过❷伊哈拉科特山口（Pass Ihalakotte）的话需要柴油机车，这段路大约占了从首都到曾经的王城一半的距离。穿过两三条隧道，右手边能看到树木茂密的山上798米高的圣经岩（Bible Rock），一座像一本打开的书的平顶山。总共过了3个小时后，火车进入❸康提→P.65，继续向前，在❹哈顿（Hatton）能看到一片明亮的绿色风景，金黄的合欢花在茶树中做着点缀。这个海拔1271米的城市值得一住，不单单是因为其地理位置，也是因为在通往达尔豪斯、经过迪科亚（Dickoya）和亚当峰脚下的卡斯尔雷（Castlereigh）和莫斯凯尔（Maussakelle）水库的道路附近的风景。出租汽车司机和蹦蹦儿司机通常都在车站等着。在这段30千米长的路程中，您可以欣赏❺沃利教堂（Warleigh Church）水库的风光。如果您傍晚到达了❻达尔豪斯，就应该去朝圣地看一

第1天

❶ 科伦坡堡

97千米

❷ 伊哈拉特山口

24千米

❸ 康提

66千米

❹ 哈顿

5千米

第2天

❺ 沃利教堂

25千米

❻ 达尔豪斯

5千米

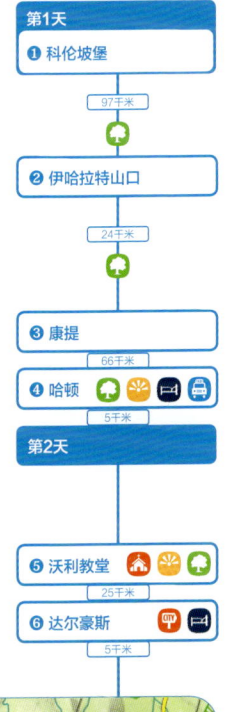

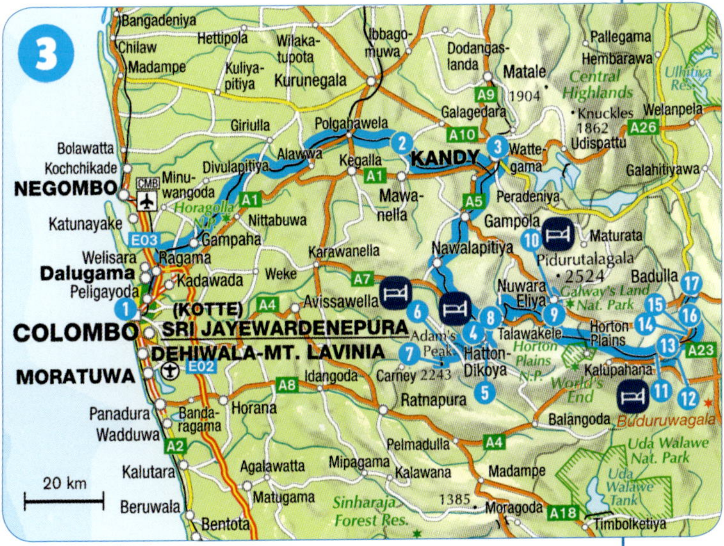

斯里兰卡

看,晚上登顶❼亚当峰→P.73也是不错的选择。

第3天下午的早些时候,您可以从科伦坡坐火车回到哈顿。在途中,火车穿过562米长的❽水塘浅滩隧道。当地忠告▶不要把相机放起来,因为在哈顿以北8千米处的科塔加拉(Kotagala)后,茶园深处有美丽的圣克莱尔德文瀑布(St. Clair's and Devon)。

这个地区历史上属于石崖村的一部分。与许多其他种植园一样,这里也有着之前殖民地的名字。不到1个小时30分钟,火车到达了❾纳努沃亚。这里的公共汽车、出租车和蹦蹦儿都在等待前往距离此处只有8千米的❿努沃勒埃利耶→P.71的游客。您千万不要错过这个古老的英国人的避暑胜地,这里的集市值得一去,圣安德鲁杰特威酒店的下午茶值得推荐,在酒店住下也是不错的选择。

在纳努沃亚再次坐上火车,就开始了风景最美的一段路。在帕提坡拉(Pattipola)和俄西亚

坐火车时,有很多令人目不暇接的美景,也有很多友好的人值得您招手问候

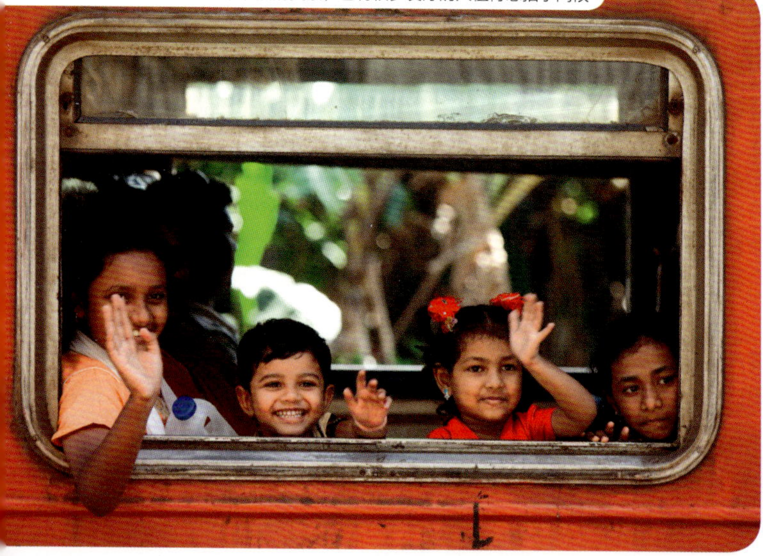

独特体验之旅

（Ohiya）之间，火车到达了海拔1897米的高度。很快，霍尔顿平原→P.74独特的景观就会展现在您的眼前。先是深谷，然后再是村庄，窗前的自然景色让人越来越惊喜，路过村庄的火车甚至给菜市场带来了一阵惬意的凉风。

⑪哈普特莱→P.65坐落在山脊处，就好像在云中一样，此外这里还为旅行者提供了极佳的中途停留的地方。凯尔伯恩山景酒店（Kelburne Mountain View，3间客房 📞 057 2 26 80 29 @ www.kelburnemountainview.com ￥￥￥）是一个好住处。您可以在那里停留一晚，欣赏壮丽的山景，同时参观斯里兰卡最大的⑫达姆巴尼茶厂。第2天如果选择坐火车，您会经过贸易重镇⑬班德勒韦勒→P.64和以山地风貌闻名的⑭埃勒→P.62。快到终点时火车会经过⑮九拱桥，最后还要绕一个大圈，穿过斯里兰卡唯一的Z形铁路。在⑯德摩达拉铁道（Demodara Loop）上您有机会从后窗拍到火车后面的景色。⑰巴杜勒→P.64是旅程的最终目的地。在这里，您可以乘坐公共汽车前往东海岸或康提。

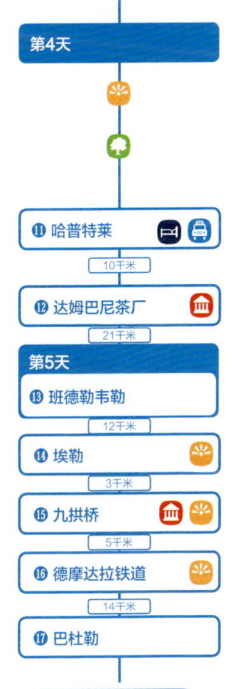

第4天

⑪ 哈普特莱
10千米

⑫ 达姆巴尼茶厂
21千米

第5天

⑬ 班德勒韦勒
12千米

⑭ 埃勒
3千米

⑮ 九拱桥
5千米

⑯ 德摩达拉铁道
14千米

⑰ 巴杜勒

④ 北部之旅

起点：❶ 阿努拉德普勒
终点：❼ 贾夫纳

路程：
➡ 约315千米

3天
乘车时间
约10小时

费　用：约270美元（每人约135美元的交通和住宿费）。

注　意：马纳尔半岛的旅游基础设施很不理想，没有较好的住所和餐厅。

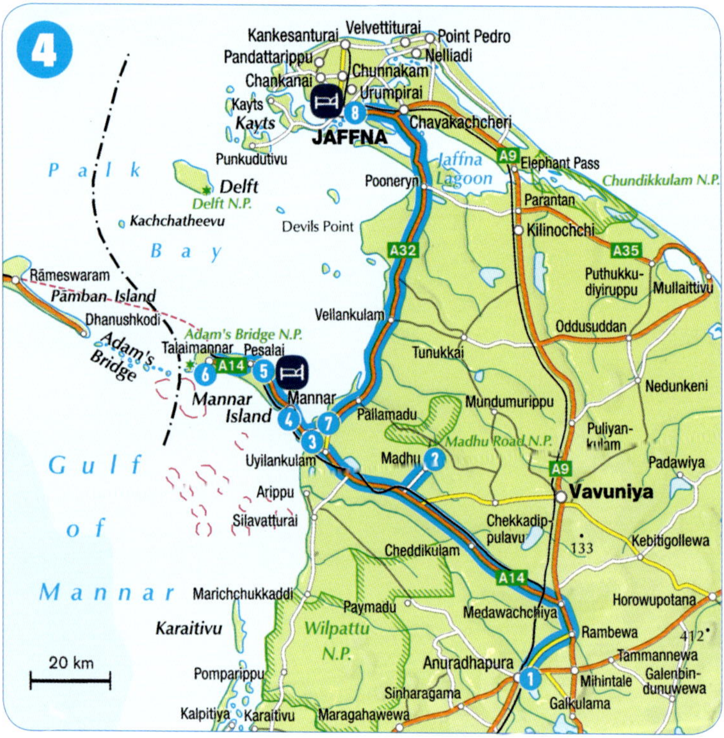

北部早就不是无人探索的未知之地，由于基础设施的改善，那里不被人所知的地方也渐渐开放。如果您要体验真正的斯里兰卡，一定要来这里。在寺庙中，您可以体验到丰富的印度教文化，美丽的潟湖和丛林景色则可以让自然爱好者们心旷神怡。

第1天

❶ 阿努拉德普勒

88千米

❷ 马杜

43千米

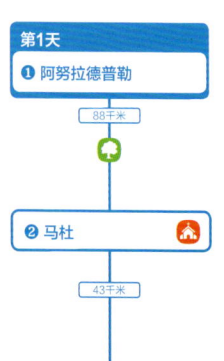

❶阿努拉德普勒→P.77是各条大路相交的地方。从那里开始，先沿着A20公路向北行驶，在兰布瓦（Rambewa）驶入贾夫纳方向的A9公路。在梅德沃奇耶（Medawachchiya），沿A14公路转向西北方向开往马纳尔（Mannar）。这里的许多地名都是以“kulam”结尾，在泰米尔语中是“水库”的意思，用以纪念这里古老的水库。

行驶大约90千米后，沿着向北的道路行驶就可以抵达❷马杜（Madhu）。这个斯里兰卡天主教

独特体验之旅

徒最重要的朝圣地始建于1670年，当时天主教徒在这个以丛林为主的地区躲避荷兰新教徒，他们带去的那尊圣母像被保留至今，因此吸引了很多朝圣者。您可以在树荫下看到虔诚的朝圣者，感受这种氛围。继续沿着A14公路向马纳尔行驶，便到达通过堤坝与陆地相连的马纳尔。内战之前这里一直是乘渡轮往返南印度的重要的中转站。至今马纳尔在恢复船舶业务后仍以轮渡为主业。傍晚时，您可以去参观近5平方千米的 ③ 凡卡莱鸟类保护区（Vankalai Bird Sanctuary），该保护区是陆地和岛屿上火烈鸟、灰鸟和其他水禽的家园。在岛的入口，有一个同名的 ④ 马纳尔小镇，镇上有一个堡垒遗址和一棵巨大的猴面包树。继续沿着岛屿走，有一家很好的住处—— ⑤ 棕榈屋（Palmyra House，5间客房 🏠 Karisal旁边的Talaimannar Road街 📞 011 2 59 44 67 @ www.palmyrahhouse.com ¥ ¥¥）。在塔莱曼纳尔（Talaimannar）以南的 ⑥ 岛的尽头，<mark>当地锦囊 ▶ 有一些原始的海滩</mark>，那里只有泰米尔渔民，几乎没有人烟。

第2天返回陆地，您可以沿着A32公路向北行驶。很快就到了 ⑦ 希鲁克谢斯瓦姆寺（Thirukethiswaram Kovil），它的起源可以追溯到7世纪，是斯里兰卡最重要的5个湿婆神圣地之一。接下来，在通往贾夫纳潟湖的路上，比起路上的汽车，您会遇到更多的奶牛和狗。您还会看到稻田、水库、低矮的灌木丛，那里也是水禽和孔雀首选的栖息地。在普内林（Pooneryn）以北，大坝从富含鱼类的较浅的潟湖延伸至贾夫纳半岛。在纳瓦特库利（Navatkuli）沿A9公路行驶便到达 ⑧ 贾夫纳→P.98，在这里您可以尽情享受最后一天的旅行。您可以游览城市和附近的岛屿，参观多彩的印度教寺庙，还可以与友好的当地人交流。

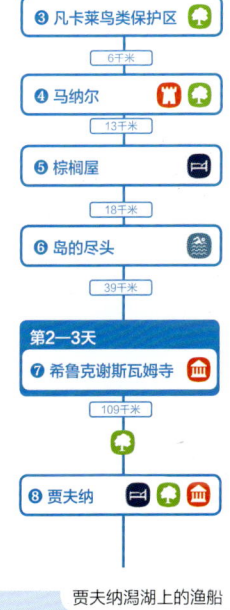

贾夫纳潟湖上的渔船

户外活动

对于大多数游客来说,斯里兰卡岛并不是进行体育活动的好去处,但体育运动爱好者还是可以以各种各样的方式活动起来。

探险运动

越来越多的旅行社开始提供特别的野外项目。除了小型的专业机构,杰特维酒店集团的生态业务分支机构在这个领域也很有名,例如在布特勒(Buttala)、西亚拉公园和埃勒附近的山区进行露营徒步旅行。科伦坡的杰特威生态旅游(Jetwing Eco 011 2 38 12 01 @ www.jetwingeco.com)、野外假日旅游(Wild Holidays Travel @ www.wildholidaystravel.com)和红点(Reddot @ www.reddottours.com)都是著名的专业机构,红点是一家位于斯里兰卡的英国自然旅游运营商,提供划木舟和漂流服务。生态团队(Eco Team @ www.srilankaecotourism.com)的项目多种多样,有适合山地自行车爱好者的,也有适合鸟类爱好者和徒步旅行者的。

上图:美瑞莎的冲浪者

高尔夫和板球,骑行和帆船,徒步和冲浪——斯里兰卡欢迎所有热爱运动的旅行者。

高尔夫

英国人不仅将他们对板球的热情带到了斯里兰卡,还带去了对高尔夫的热爱。高尔夫的气氛可以让一个下午都沉浸其中。科伦坡皇家高尔夫俱乐部(Royal Colombo Golf Club 🏠 223 Model Farm Road 📞 011 2 69 54 31 @ www.Rcgcsl.com)成立于1879年,被认为是首都东部最好的俱乐部。如果您只为了观景的话,推荐您开车绕路观光。维多利亚高尔夫乡村度假村(Victoria Golf & Country Resort 📞 081 2 37 63 76 @ www.golfsrilanka.com)位于康提以东的拉特韦拉(Ratewella),这座18洞高尔夫球场四周被群山环绕,毗邻同名的水库,还提供舒适的住宿。努沃勒埃

斯里兰卡

利耶高尔夫俱乐部（Nuwara Eliya Golf Club）成立于1889年（📞 052 2 22 28 35），位于高地城市中心，并且是苏格兰式风格的。住在圣安德鲁杰特威酒店、希尔俱乐部或大酒店这样海拔2000米的地方，您一定不会感到炎热。

风筝冲浪

斯里兰卡也是风筝冲浪爱好者的热门目的地。冲浪者站在一块板上，让自己被特制的风筝拖过水面。这项运动需要良好的风力条件和一个没有干扰的湖泊，使用正确的动作后风筝冲浪者就可以在风中飞跃了。卡尔皮蒂耶半岛北部的潟湖口有一个良好的风筝冲浪的场地，马纳尔的风力条件也很好，推荐您前往。

板球

服务员因为观看板球比赛而忘记您的订单的情况经常发生。对于斯里兰卡人来说，板球比赛是"最有趣的比赛"；而对于中国人来说，板球比赛就像是板球天书。在相关应用程序或一些网站（例如 @ www.cricket-rules.com）上了解一些最重要的规则后，您很快就能成为熟练的击球手、投球手或是防守员，最后您就会发现您已经被板球迷住了。

山地自行车

康提周围的山地和努沃勒埃利耶周围的山区为山地自行车爱好者提供了良好的条件。但是，几乎没有任何一家酒店提供山地自行车租赁服务。如果您不想携带运动器材，可以加入山地车组织者和他们的项目，提供这种服务的有生态团队（Eco Team @ www.srilankaecotourism.com）和LSR旅行（LSR Travel 📞 011 2 82 45 00 @ www.lsrtravel.com），这两个专业户外公司都位于科伦坡。

帆船

由于许多地方都有危险的海流和珊瑚礁，所以帆船运动并不那么流行。在一些沿海地区的海滩，年轻人和渔民会提供帆船运动服务。想要体验帆船运动的人可以联系科伦坡划船俱乐部（Colombo Rowing Club 📞 011 2 43 37 58）或水獭俱乐部（Otter Aquatic Club 📞 011 2 69 23 08）获取更多信息。

冲浪

顶尖的运动员都从家里自带冲浪板。许多冲浪者认为，租的冲浪板往往有些不足之处。夏天，来自世界各地的冲浪者定期在东南海岸**阿鲁加玛湾的冲浪点**集合，这里有最汹涌的海浪、稳定的环境。4月至11月这里的天气状况适合冲浪。

潜水

斯里兰卡周围的水下景观可能不像马尔代夫环礁（Maldives Atoll）那样令人激动，但这里有与众不同的东西，比如迷人的深谷和岩石、多样化的鱼类世界和著名的沉船残骸。您可以全年潜水，冬季在西南海岸和南部，夏季在东海岸。在亭可马里

户外活动

不管是团队旅行还是独立旅行,在斯里兰卡的山区进行徒步都很轻松

(@ www.divesrilanka.com)有各种潜水中心和合适的潜水地点。

com)或生态团队(@ www.srilan-kaecotourism.com),您还可以参加雨林徒步旅行。

徒步旅行

在斯里兰卡徒步比在传统的亚洲国家容易得多,您甚至可以自己组织在山区的徒步之旅。霍尔顿平原、努沃勒埃利耶以南的高原、埃勒和哈普特莱周围的群山,以及那科勒斯(Knuckles)和康提东北部的冒险型的山崖都是风景优美的徒步旅行区。但这些地方并不适合没有经验的徒步者。那些喜欢参加国际小组的旅客,可以在一些俱乐部中找到吸引人的服务,比如班德勒韦勒的斯里兰卡徒步旅行俱乐部(Sri Lanka Trekking Club @ www.srilankatrekkingclub.com)、康提的徒步旅行者(Trekking Expeditor @ www.turkkingexpeditor.

健康

斯里兰卡虽然是以其多种多样的阿育吠陀度假村和诊疗所而闻名,但这里的水疗中心也开始提供越来越多的住宿和其他按摩养生产品。员工一般来自巴厘岛或泰国,产品则来自西方国家。如果您想在假期里体验全部服务,您可以搜索提供瑜伽和冥想课程或阿育吠陀饮食的酒店和度假村,因为现在这样的度假村也越来越多了。真正想练习冥想的人可以参加佛教中心的课程(@ www.retreat-infos.com)。但是由于课程要求很高,您还是需要有一些基础知识。

带着孩子旅行

无论属于什么宗教或什么社会阶层,当地人都很宠爱他们的孩子。与印度不同的是,斯里兰卡人对男孩和女孩一视同仁。相应的,他们对待客人的孩子也会友好而周到。斯里兰卡不是典型的家庭旅行目的地,父母需要确定(如果不确定,还需询问孩子的医生)孩子能否适应恶劣的气候。此外,孩子们还需要克服长途飞行的困难。不管是棕榈汁采集人用绳子在棕榈树之间平衡来挖棕榈汁,还是寺庙和丰富的集市中淘气的猴子,这里都能给孩子带来很多乐趣。

西海岸

探索世界游乐园(Excel World Entertainment Park)(折页B14)

这个公园是斯里兰卡的一个小型游乐园。颇受当地人欢迎。各年龄段的人都可以在这里尽情玩耍。这里有数字保龄球场、溜冰场,滑板车或台球桌等。孩子们可以在卡丁车赛道或者有旋转木马及其他传统娱乐设施的游乐场玩得很开心。🏠338 T. B. Jaya Mawatha(Darley Road),靠近市政厅 🕙10:00—18:00 ¥门票免费,每个项目花费约1.1美元

南部

在高尔坐皮划艇(折页D18)

您的孩子难道不想在加勒的城堡散步吗?难道不想在金河的腹地坐一次皮划艇吗?尤其是在清晨或傍晚,很多野生动物会出现在这条布满红树林的河流。🏠Godawatta, Mihiripenna ¥休闲之旅每人3000卢比 📞077 7 90 61 56 @www.idletours.com

海龟保护研究中心(折页C16)

全世界7种海龟中的5种都在这里温暖的海滩上产卵。由于当地人把它当作美味,所以政府对它们采取了保护措施。此外,他们在卡斯古达(Kosgoda)设立了一些龟类繁殖

> 划船穿过红树林,看海龟、猴子和大象,这些都会让孩子们兴奋不已。

站,即所谓的乌龟孵化场,其中一些地方也是出于商业原因而建立的,因此这些动物保护形式目前备受争议。斯里兰卡最早的动物保护机构是海龟保护研究中心,成立于1981年,由专职的钱德拉西里·阿布鲁(Chandrasiri Abrew)先生领导。在这里,游客可以了解到这种古老的海洋动物。孩子们也会对游泳池中的动物感兴趣。🏠 409 A Main Street, Kosgoda ⏰ 9:00—18:00 ¥ 200 卢比

国家公园

大象转运之家(折页 G16)

您可以和孩子一起参观乌德瓦勒韦国家公园附近的大象转运之家,而不需要去费用过高的平纳瓦拉大象孤儿院。失去双亲的大象在这里得到悉心的喂养,等他们到4岁的时候就可以进行训练。想要参观这里的三四十头大象的话,在9点、12点和15点都有大约20分钟的喂食时间。由于这家动物孤儿院距离国家公园仅几千米,您可以把两者一起安排在行程中。¥ 门票500卢比

文化金三角

波隆纳鲁沃的猴子大本营(折页 H9)

1968年以来,史密斯森尼灵长类动物研究项目(Smithsonian Primate Biology Program)一直在探索于波隆纳鲁沃遗址附近活动的猴子。您可以住在研究现场并参加"人类家庭遇见猴子家庭"的计划。史密斯森第一生态项目的联系方式和网址是 📞 077 3 11 35 30 @ www.primates.lk。

每月节庆与活动

斯里兰卡人喜欢庆祝而且经常庆祝,因为几乎没有哪个国家的法定假日要比斯里兰卡多。在12个满月日,即所谓的"月圆节",所有公共机构(学校、银行等)都会关门。对于游客来说不幸的是,柜台和酒类商店也会关门,因为这些天是绝对禁酒的。斯里兰卡还有各种宗教节日,包括基督教的圣诞节、印度教的屠妖节和穆斯林斋月的最后一天。当然,一些法定假日是有确切日期的,具体数据在 @ public holidays.lk 上可以查询。

节日与活动

1月

月圆节: 当地精选 **度鲁图月圆节**是克拉尼亚(位于科伦坡北部郊区)的传统节日。这一天他们会举办盛大的夜间游行,届时会有盛装的大象、舞蹈团和宗教人士出席。据说这个节日是为了纪念佛祖来到斯里兰卡岛。

2月/3月

当地精选 **泰米尔收获节**:这是一个印度教为了纪念太阳神而设立的节日,主要是在泰米尔地区北部、东部和山区庆祝。

湿婆节:在2月底或3月初的新月之夜,印度教徒们庆祝湿婆与雪山神女帕尔瓦蒂的结合。特别是在康提附近的马特莱穆塔马里曼庙里,人们可以看到热闹的庆祝活动。

月圆节: 当地精选 **纳瓦姆月圆节**是科伦坡的传统节日。50只盛装的大象和几千名舞者、僧侣和杂耍者共同在首都中心的贝拉湖畔庆祝。

3月/4月

耶稣受难日/复活节:斯里兰卡的基督徒在尼甘布用最精彩的游行活动和基督受难的表演来纪念耶稣受难日和复活节。

5月

月圆节:卫塞节。人们庆祝两

> 人们以盛装的大象、精彩的游行活动和板球比赛来庆祝节日，十分热闹。

天两夜，来纪念佛祖的诞生、开悟和涅槃。

6月

月圆节：波松月圆节。这个节日是为了纪念摩哂陀长老将佛教传入斯里兰卡（公元前250年左右）。密亨达勒会举行隆重的纪念活动。

7月

月圆节：康提的埃塞罗月圆节是世界上最大的宗教节日之一。来自佛牙寺的盛装大象要在城中游行十天十夜。

开斋节：许多人都会聚集在贝鲁沃勒的卡其姆利清真寺，在斯里兰卡最古老的清真寺庆祝开斋节。

卡特勒格默节：每年都有成千上万的人涌向汉班托特北部的卡特勒格默向印度教战神致敬。

10月/11月

屠妖节：屠妖节是最受欢迎的印度教节日，于10月底或11月初在全国范围内举行。这个节日是为了纪念天神拉玛在阿逾陀国杀掉了邪恶的魔王罗波那，届时信徒会点燃寺庙中的油灯。

节庆日

2月4日	独立日
4月13/14日	僧伽罗和泰米尔的新年
5月1日	劳动节
12月25日	圣诞节

旅行随时查

网页／博客

www.marcopolo.de/srilanka 网站上的在线导游为您提供所有重要信息，还有小贴士、计划路线、激动人心的新闻报道以及美丽的图片。

www.seat61.com/SriLanka 铁路爱好者在这里为您提供斯里兰卡火车驾驶的实时时刻表、图片和提示，所有的信息都是英文的。

www.srilankaelephant.com 一位大象的"忠粉"在他的英文网站上收集、撰写了关于斯里兰卡大象的信息。除此之外没有其他网站能够提供有关濒危动物情况的更全面的信息了。

www.about-colombo.lk 在快速发展的大都市中总会发生很多事情。在这个网站上，您可以快速地找到最重要的信息。

www.thesrilankatravelblog.com 在这里，旅游俱乐部老板雷德铎（Reddot）收集了很多人写的关于当前旅游发展和发现的博客文章。

www.facebook.com/aragum 这是阿鲁加玛湾的冲浪者、参加派对者和粉丝的聊天场所。

无论是准备出行还是已到达，这些网址和信息都能够为您的旅行提供帮助。

www.explore.lk　斯里兰卡最好的在线旅游杂志不仅提供丰富的旅游信息，还在其网站上提供活动日程。

www.lakdasun.org　斯里兰卡的户外运动爱好者可以在这里共享有关其活动的报告、视频、照片和信息。同时，这里也有许多徒步旅行的实用技巧（英文）。

twitter.com/OfficialSLC　板球是斯里兰卡的一项全国性运动。通过斯里兰卡板球官方主页的推文，您可以了解正在发生的体育赛事。

视频／音乐

short.travel/sri1　短片介绍文化三角洲（英文），并有灵长类专家森尔·古娜拉卡（Sunil Gunathilake）的发言。

short.travel/sri2　艾思拉·佩拉拉（Esala Perahera）的视频展示的是康提盛大的宗教游行，在7月或8月满月的前两周的晚上举行。

short.travel/sri3　有对于斯里兰卡的详细描述（英文）以及鲸鱼的美图。

Apps

Lanka Traveller　适用于iPhone用户的英文旅行指南应用程序，提供许多图片和说明，包括各个目的地和景点的GPS定位。

Sinhala Dictionary Offline　网站www.sachith.co.uk的所有者萨喜思·达萨纳亚克（Sachith Dassanayake）用英语为安卓智能手机开发了这个方便的应用程序。顾名思义，该应用程序也可以离线使用。

Sri Lankan Recipes　喜欢斯里兰卡美食？那么这款适用于iOS和安卓系统的英文应用程序就是您的最佳选择。

出版社不对以上提到的网址的内容负责。

实用信息

出发

北京、成都、上海等地都有飞往斯里兰卡首都科伦坡的飞机。斯里兰卡航空是不错的选择。斯里兰卡国家航空公司（@ www.srilankan.com）可到达该地区的许多地方。南航有直飞线路。卡图纳耶克机场位于科伦坡以北35千米处，坐出租车到市中心需要约30分钟。

问询中心

斯里兰卡国家旅游局设在科伦坡（🏠 80 Galle Road 📞 011 2 42 69 00，热线：19 12 @ www.srilanka.travel）。旅行和安全信息由外交部网站提供：@ www.eda.admin.ch

绿色出行

旅行时，您也可以改变世界，比如时刻提醒自己在旅程中尽量选择较少二氧化碳排放的交通方式，学习如何以环保的方式规划您的路线。同时也要注意，尽量保护旅行国家的自然和文化。作为游客，保护自然环境、保护区域特色、减少自驾、节约用水等保护生态环境的举措是非常重要的，请务必多加关注。

驻外机构

中国驻斯里兰卡大使馆

🏠 381A Bauddhaloka Mawatha, Colombo 07 @ http://lk.china-embassy.prg/chn/ ✉ chinaemb_lk@mfa.gov.cn 📞 00 94 1 12 67 60

银行/现金

斯里兰卡当地流通货币以斯里兰卡卢比和美元为主。可在出发前兑换好美元，入境后再兑换成当地货币，人民币直接兑换卢比比较吃亏。

银行营业时间是周一至周五9:00—13:00。在许多地方都有以马斯特罗（Maestro）和希勒斯（Cirrus）为标识的自动取款机。在那里，您可以使用EC银行卡取款，但需要支付手续费。在许多酒店，尤其是大型餐厅，您都可以使用信用卡。只有少数银行接受旅行支票。

大巴/火车

斯里兰卡当地公共交通网络覆盖面广，且价格低廉。巴士站、火车站均设有问询中心。科伦坡、康提等城市可使用UBER、Pickme在线预约车辆，服务更好、价格更优惠（巴士在线查询 @ www.sprpta.lk，火车在线查询 @ http://slr.malindaprasad.com）。锈红色的CTB或SLTB巴士几乎可以带您去任何地方。私人巴士公司在主要路线如科伦坡—康提

从开始到结束：旅行中不可或缺的信息。

（Colombo-Kandy）或科伦坡一贾夫纳（Colombo-Jaffna）上使用空调巴士，即使是长距离价格也很便宜。不仅如此，斯里兰卡的铁路也很发达而且便宜。从科伦坡出发的火车经过阿努拉德普勒向北行驶到东海岸的贾夫纳、亭可马里和拜蒂克洛，驶向高地的康提和巴杜勒以及沿着海岸线从加勒驶向马特勒。

入境

入境时，您需要一张在行程结束之后仍有超过6个月有效期的护照；12岁以下的儿童必须持有儿童护照。您需要提前在www.eta.gov.lk上在线申请电子签证（ETA）。这需要花费您35~50美元，并且他们会为您提供30天的停留时间，其中过境旅客和12岁以下儿童免收费用。ETA将在客人抵达机场时收取额外费用。如果您需要长期停留，可以通过斯里兰卡大使馆申请签发3个月的签证。联系方式和信息，请访问 @ www.lankamission.org 查询。

签证

斯里兰卡自2012年1月1日开始取消落地签证政策，要求入、过境斯里兰卡且停留期不超过6个月的外国人，入境前在网上申请电子旅行许可（简称ETA）。获ETA者在斯里兰卡入境口岸将获发停留期最多为30天的签证，如需延期至90天，应再向斯移民局提出申请。

ETA申请程序：登录ETA系统（http://www.eta.gov.lk，有中文服务）填写申请，用信用卡支付费用（旅游30天有效两次入境35美元，商务30天有效多次入境40美元），然后提交，申请者将在24小时内收到批准通知或转办通知。获批准通知的申请人应打印该通知作为签证随身携带。收到转办通知者应联系就近的斯使领馆。

注意事项：无需提供护照复印件和照片；只接受Visa卡、Master卡、American Express卡交费；入境时需出示往返机票和足够在斯生活费用，护照有效期不少于6个月。

特殊情况：如入境者未事先取得ETA，可在斯里兰卡首都科伦坡班达拉奈克国际机场和汉班托塔国际机场ETA柜台申请，旅游40美元，商务50美元，过境停留不超过2天免费，可用信用卡或人民币、港币、美元、日元等主要货币支付。获批准通知的旅客即可入境，获转办通知的旅客将被原机遣返。

拍照

一般来说，当地人可以接受拍照，但如果要拍特写镜头的话，您需要得到他们的同意。人们不应该坐在佛像旁边摆姿势，这是会受罚的！此外，禁止拍摄军事设施和穿制服的人员。重要的是不要忘记带充电器和适配器。

斯里兰卡

女士

单独旅行的妇女可能会遭到当地男子的性骚扰。因此，请避免穿暴露的衣服以及夜间在无人的海滩或道路上散步。最好避开醉汉，在拥挤的公共汽车和火车上最好和本地女性在一起。也请您注意我们关于所谓"沙滩男孩"的说明（参见"禁忌事项"一章）。

健康

瓶装矿泉水随处可见。您最好只喝凉白开，不要喝加冰块的饮料，只吃去皮水果。在旅行之前，建议您重温一下破伤风、白喉和麻痹症的相关知识，同时注射针对甲型肝炎和伤寒的疫苗。大城镇的大多数医生和药剂师都受过良好的教育，会说英语。科伦坡最好的私人诊所是阿波罗医院（🏠 578 Elvitigala Mawatha, Narahenpita 📞 011 4 53 00 00）。

国内航班

您可从辛纳蒙航空（🏠 11 York Street Colombo 📞 01 12 47 54 75 @ www.cinnamonair.com）租用飞机或者在Simplify（🏠 The Landmark, 385 Galle Road, Colombo 📞 07 77 70 37 03 @ www.simplifly.com）租用直升飞机。Heli Tours（🏠 SirChithampalam Gardiner Mawatha, Colombo 📞 01 13 14 49 44 @ www.helitours.lk）定期提供从科伦坡到贾夫纳和亭可马里的航班。

网络

几乎每个地方都有无线热点，特别是在住处、餐馆和咖啡馆，并且大多数的网络都是免费的。您还可以为您的智能手机准备一张本地SIM卡（例如Dialog或Mobitel的），然后上网。当然，您也可在机场和相关商店购买它们。国家旅游局在 @ www.srilanka.travel 上提供了有关岛屿度假的建议以及有关时事的提示。您可以在 @ www.srilankainstyle.com 和 @ www.reddottours.com 上预订雅致的豪华住宿和旅行，可以在 www.golanka.com 上查询特定酒店。最后，您可以浏览有关特定地区或者地方的网站，例如 @ www.arugambay.com @ www.negombo.org 和 @ www.hikkaduwanet.com。

它们值多少钱

茶	约人民币7.85元	1杯
用餐	约人民币23.5元	1份咖喱饭
啤酒	约人民币11.7元	一大杯
车票	约人民币2.35元	市内行驶
衬衫	约人民币39元	质量稍好一点
出租车	约人民币5.5元	每千米

实用信息

汽车租赁

租一辆带司机的汽车不仅便宜、安全,还能获得更多的信息。因为驾驶员必须购买非常昂贵的保险,所以这种方式还更省钱。一辆带司机的汽车的费用为每千米约人民币1.7元(每日最低80千米左右,包括汽油费用在内)。此外,司机每日的报酬约人民币15~24元(称为batta),他自己承担食物和住宿(乘客不需要担心)。如果酒店没有供司机住宿的地方,您应该支付司机基本住宿费,这样旅程才会更加愉快。

紧急呼叫

救护车:📞 110
警察:📞 119
如果在价格上发生纠纷,请求助旅游局警察(📞 011 2 42 10 52)。

营业时间

大多数商店的营业时间为周一至周五的8:30—19:00,也有一些商店周六营业至13:00。在集市和旅游区的小商店通常全周从7:00到22:00开放。

邮寄

在小城镇里也有邮局(🕐 周一至周五8:30—16:30,周六8:30—13:00)。您最好在邮局寄信,因为邮箱相当不可靠。

物价

由于生活成本较高,斯里兰卡近年来的物价和票价大幅上涨。特别是国家公园和考古遗址的门票。在查看账单时,您可能会被吓到。因为除了净价格之外,在某些情况下还增加了3种税费和收费项目,特别是在昂贵的酒店和餐馆,除了10%的服务费外还有12%(标准税率)或20%(奢侈税率)的增值税(VAT),甚至是3%的国家建筑税(NBT)。但尽管如此,这里相对来说还是一个廉价的旅游目的地。

旅行时间

12月一次年3月的斯里兰卡是美丽的,理想的旅行时段是从1月中旬一2月底。炎热和闷热时段是4月、5月;西海岸的雨季时段是5月中旬至8月,有时至10月。在东海岸5月—9月是干燥的。沿海温度约30度。康提的温度要清凉一些,湿度较低。在高地可能会很冷,如果您计划在那儿长期住宿或进行徒步旅行,一定要带上保暖夹克。同时也不要忘记避雨,因为在山区经常下雨。

安全

随着内战于2009年结束,斯里兰

货币汇率

1斯里兰卡卢比(LKR)= 0.0372人民币(CNY)

1人民币(CNY)= 26.8751斯里兰卡卢比(LKR)

斯里兰卡

卡的安全形势明显改善,现在在东部旅行也没有问题。前往偏远地区时,您应事先阅读外交部的建议。斯里兰卡从总体上讲还是属于很安全的旅游国家,袭击游客的事件几乎从未发生过,扒窃和小骗局倒是有可能发生,原因是部分游客太天真,会从走私者那儿买东西。在夜间,驾驶没有车灯或光线不足的车辆会存在相当大的交通风险。

电力

斯里兰卡电压为230~240伏。墙壁上一般有各种各样的插座,很常见的是带有3扁销插头的英式插座。

电话/手机

在许多地方都有电话摊和网吧,可以拨打国际电话。标志是大写字母ISD / IDD。斯里兰卡的国家电话代码是00 94,中国00 86。几乎在任何地方使用智能手机都是没有问题的,但在高地仍有一些没信号的地方。使用手机频繁的人可以在机场和移动电话商店里出示护照复印件,然后就可以购买本地SIM卡,推荐Dialog和Mobitel公司。

蹦蹦儿

出租车往往是很少见的,而机

科伦坡天气

	1月	2月	3月	4月	5月	6月	7月	8月	9月	10月	11月	12月
日间气温(°C)	30	31	31	31	30	30	29	29	30	29	29	30
夜间气温(°C)	22	22	23	24	25	25	25	25	25	24	23	22
每天日照时长	8	9	8	7	6	5	6	6	6	6	7	8
每月降雨天数	10	6	11	17	23	22	16	14	17	22	20	12
水温(°C)	27	27	28	28	29	29	28	28	28	28	28	27

☀ 每天日照时长　☂ 每月降雨天数　≈ 水温(°C)

实用信息

动三轮车（蹦蹦儿）无处不在，但在出发前要协商好价格。您可以提前向酒店工作人员或其他值得信赖的当地人咨询这段路应该要花费多少钱。您要当心司机在商店和住宿方面提的建议，因为他们大多只是为了获得巨额佣金。

小费

给小费是很常见的行为，一般要给行李搬运工大约50~100卢比，给出租车司机50卢比小费。在餐厅，可以根据对服务的满意度给10%左右的小费。

时间

中国和斯里兰卡两地的时差为2.5个小时（中国北京时间12:00的时候，在斯里兰卡是9:30）。

关税

进入斯里兰卡时可享受价值高达250美元的免税额度，即两瓶葡萄酒、1.5升烈酒和250毫升香水，严禁进口烟草制品。此外，不允许进口或出口古董、玳瑁和象牙、武器和毒品，某些药物也仅经医生许可之后才可以进口。超过1.5万美元的外币必须申报。

教你当地话

常用表达

是/不/可能	yes/no/maybe
请/谢谢	please/thank you
对不起!	Sorry!
打扰一下!	Excuse me!
我可以……吗?	May I…?
请再说一遍。	Pardon?
我想要……/您有……吗?	I would like to…/Have you got…?
……多少钱?	How much is…?
我(不)喜欢这个。	I (don't) like this.
好/坏	good/bad
打开/关闭	open/close
损坏的/不工作	broken/doesn't work
救命!/注意!/当心!	Help!/Attention!/Caution!

问候/告别

早上好!/下午好!	Good morning!/afternoon!
晚上好!/晚安!	Good evening!/night!
您好!/再见!	Hello!/Goodbye!
拜拜!	Bye!
我的名字叫……	My name is …
您叫什么名字?	What's your name?
我来自……	I'm from…

询问日期、时间

周一/周二	Monday/Tuesday
周三/周四	Wednesday/Thursday
周五/周六	Friday/Saturday
周日/工作日	Sunday/weekday
节假日	holiday
今天/明天/昨天	today/tomorrow/yesterday
小时/分钟	hour/minute
天/夜/周	day/night/week
月/年	month/year
现在几点钟?	What time is it?
现在3点钟。	It's three o'clock.

您会说英语吗?
这里有重要的词汇和表达方式。

交通

左/右	left/right
直行/向后	straight ahead/back
近/远	near/far
入口/驶入口	entrance/driveway
出口/驶出口	exit/exit
出发/起飞/到达	departure/departure/arrival
我可以给您拍张照吗?	May I take a picture of you?
……在哪里?	Where is...?/Where are...?
厕所/女士/男士	toilets (restrooms) /ladies/gentlemen
巴士/有轨电车	bus/tram
地铁/的士	underground/taxi
停车场	parking place/car place
城市地图/地图	street map/map
火车站/港口	(train) station/harbour
飞机场	airport
时刻表/票	schedule/ticket
火车/轨道	train/track
单程/往返	single/return
我想要租……	I would like to rent...
一辆汽车/自行车	a car/a bicycle
加油站	petrol station
汽油/柴油	petrol/diesel
故障/修车场	breakdown/garage

用餐

您能帮我们预留今天晚上一张4人的桌子吗?	Could you please book a table for tonight for four?
请给我一张菜单。	The menu, please.
我想要……	May I have…?
刀/叉/勺	knife/fork/spoon
盐/胡椒/糖	salt/pepper/sugar
醋/油	vinegar/oil
牛奶/奶油/柠檬	milk/cream/lemon
加冰/去冰/加气	with ice/without ice/with gas
素食主义者/过敏	vegetarian/allergy
我想买单。	May I have the bill, please?
发票/收据	invoice/receipt

斯里兰卡

购物

在哪儿我能买到……?	Where can I find ...?
我想买……	I would like to .../I'm looking for ...
您能把照片刻录到光盘上吗?	Do you burn photos on CD?
药店	pharmacy/chemist
面包店/市场	bakery/market
食品杂货商店	grocery
超市	supermarket
100克/1千克	100 gram/1 kilo
贵/便宜/价格	expensive/cheap/price
更多/更少	more/less
有机的	organic

住宿

我预订了一个房间。	I have booked a room.
您还有……吗?	Do you have any ... left?
单人房	single room
双人房/双床房	double room/twin room
早餐/半膳	breakfast/half-board
全膳	full-board
淋浴/浴缸	shower/bath
阳台/露台	balcony/terrace
钥匙/房卡	key/room card
行李/手提箱/包	luggage/suitcase/bag

银行/货币

银行/自动取款机	bank/ATM/cash machine
密码	pin
我想要兑换……元	I'd like to change ...RMB
现金/借记卡/信用卡	cash/ATM card/credit
纸币/硬币	note/coin
零钱	change

教你当地话

电话/网络

我想买一张预付卡。	I'm looking for a prepaid card.
哪里有网络接口?	Where can I find internet access?
我需要拨区号吗?	Do I need a special area code?
电脑/电池/蓄电池	computer/battery/rechargeable battery
@符号	at symbol
网络连接/无线网	internet connection/Wi-Fi
电子邮件/文件/打印	email/file/print

数字

0	zero	15	fifteen
1	one	16	sixteen
2	two	17	seventeen
3	three	18	eighteen
4	four	19	nineteen
5	five	70	seventy
6	six	80	eighty
7	seven	90	ninety
8	eight	100	(one) hundred
9	nine	200	two hundred
10	ten	1000	(one) thousand
11	eleven	2000	two thousand
12	twelve	10000	ten thousand
13	thirteen	1/2	a/one half
14	fourteen	1/4	a/one quarter

僧伽罗语

是的。/不是。	Ou./Nä.
不用谢。/谢谢。	Karunaakärä./Istuti.
不好意思!	Samaawennä!
早上好!	Subä dawäsak!
晚上好!	Subä sandhyaawak!
再见!	Näwätä hamuwemu!
我叫……	Magé namä ...
我来自……	Magé ratä ...
我不能理解您的意思。	Matä teerenee nää.
这个多少钱?	Gaanä kiyädä?
请问,……怎么走?	Samaawennä, ... kohedä?

索引

Adam's Peak 亚当峰 73
Ahungalla 阿洪加拉 51
Alutgama 阿卢特格默 48
Ambalangoda 安泊朗戈德 52
Anuradhapura 阿努拉德普勒 77
Arugam Bay 阿鲁加马湾 90
Aukana 阿华卡纳 81
Ayurveda 阿育吠陀 60
Badulla 巴杜勒 64
Bandarawela 班德勒韦勒 64
Batticaloa 拜蒂克洛 94
Bentota 本托特 48
Beruwala 贝鲁沃勒 48
Bible Rock 圣经岩 109
Brief Garden 简易花园 52
Budurwagala 普杜鲁瓦格勒 65
Bundala National Park 本德勒国家公园 66
Buttala 布特勒 114
Castlereigh 卡斯尔雷水库 109
Civil War 内战 12
Chunnakam 琼纳卡姆 101
Colombo 科伦坡 35
Colombo Fort 科伦坡堡 109
Dalhousie 达尔豪斯 73
Dambulla 丹布勒 83
Delft 代尔夫特 101
Demodara Loop 德摩达拉铁道 111
Devon 德文瀑布 110
Dharga 达戈 50
Dodanduwa 多丹杜瓦 58
Dondra 栋德勒 9
Dunhinda Falls 邓欣达瀑布 11
Dutch Canal 荷兰运河 41
Ella 埃勒 62
Embekke Devale 恩贝克神庙 105
Gadaladeniya 加达拉德尼亚 107
Gal Oya Junction 加尔奥亚枢纽 94
Galle 加勒 52
Giritale 吉利特莱 88
Habarana 哈伯勒内 84
Hakgala 哈卡拉 74
Hambantota 汉班托特 55
Haputale 哈普特莱 65
Hatton 哈顿 109
Hikkaduwa 希克杜沃 57
Hinduism 印度教 25
Horton Plains 霍尔顿平原 74
Hunas Falls 胡纳斯瀑布 70
Indurawa 因杜鲁瓦 50
Jaffna 贾夫纳 98
Kalkudah 卡尔库达 94
Kalptiya 卡尔皮蒂耶 46

Kalutara 卡卢特勒 52
Kandy 康提 65
Kandy War Cemetery 康提战争公墓 106
Kantarodai 坎塔罗待 101
Karaitivu 卡赖岛 101
Kataragama 卡达拉加玛 56
Kaudulla National Park 卡杜拉国家公园 16
Kelaniya 克拉尼亚 44
Kitulgala (River Kwai) 桂河 15、68
Kochchikade 科奇奇德 46
Kosgoda 卡斯古达 119
Kotagala 科塔加拉 110
Kuchchaveli 库查维利 96
Kumana National Park 库曼那国家公园 93
Kumudu Valley 库姆都谷度假村 47
Lahugala-Kitulana National Park 拉胡加拉-基图拉拉那国家公园 93
Lankatilaka 兰卡提拉卡寺 107
Marawila 马勒维勒 47
Matale 马塔莱 70
Matara 马特勒 58
Maussakelle 莫斯凯尔水库 109
Mihintale 密亨达勒 81
Minneriya National Park 米内瑞亚国家公园 85
Mirissa 美瑞莎 54
Moratuwa 莫勒图沃 32
Mount Lavinia 拉维尼亚山 15
Mulkirigala 马尔基里加拉 59
Nalanda Gedige 那兰达寺 83
Nanu Oya 纳努沃亚 110
Negombo 尼甘布 45
Nilaveli 尼拉维利 96
Nine Arches Bridge 九拱桥 111
Nuwara Eliya 努沃勒埃利耶 71
Panama 帕纳马 93
Pass Ihalakotte 伊哈拉科特山口 109
Passekudah 帕塞库达 94
Peradeniya 佩拉尼亚 106
Peradeniya Botanical Gardens 佩拉尼亚皇家植物园 71
Pilimathalawa 皮拉马塔拉瓦 107
Pinnawela 平纳瓦拉 71
Point Pedro 佩德罗角 101
Polhena 波纳 56
Polonnaruwa 波隆纳鲁沃 85
Pottuvil 波图维勒 90
Punkudutivu 蓬库杜岛 101
Ratewella 拉特韦拉 115
Ratnapura 拉特纳普勒 74
Rekawa 雷卡瓦 59
Ritigala 里蒂格勒 85
Sampalthivu 桑帕尔希维 97

在此可查询书中涉及的重要人名、地名和其他专有名词,后附相关页码。

Sigiriya 锡吉里耶 89
Sinharaja Forest Reserve 辛哈拉贾森林保护区 75
St. Clair's and Devon 圣克莱尔德文瀑布 110
Tamilen 泰米尔 31
Tiriyai 特瑞亚 97
Tissamaharama 蒂瑟默哈拉默 55
Trincomalee 亭可马里 94
Uda Walawe National Park 乌德瓦勒韦国家公园 56
Unawatuna 乌纳瓦图纳 55
Uppuveli 乌普韦利 97
Velanai 韦勒奈 101
Waikkal 怀卡尔 47
Weligama 韦利格默 55
Wewurukannala 韦鲁卡纳拉寺 59
Wilpattu National Park 维勒珀图国家公园 82
Yala West National Park 西亚拉国家公园 56
Yapahuwa 亚帕瓦沃 82

图片来源

封面图片:遍布棕榈树的美瑞莎沙滩(Look:G. Bayerl)
图 片:AOD(P.21下);DuMont Bildarchiv:Kiedrowski/Schwarz(P.71),S.Martin(P.47);Frischefotos Berlin:Heiko Marquardt(P.1下);huber-images:Damm(P.6上),P. Giocoso(P.75),P. Iorio(P.88),B. Morandi(P.62/P.63),M. Ripani(P.22、P.23),R. Schmid(P.13、P.26);huber-images/Picture Finders(P.33);© iStockphoto/webphotographeer(P.21上);V. Janicke(P.50、P.118/P.119、P.121);H. Jennerich(封二右);G. Jung(P.86);Laif:Bibel(P.61),Eisermann(P.28/P.29、P.76/P.77、P.90/P.91、P.102/P.103、P.123),Emmler(P.32、P.73、P.114/P.115);H. Lange(P.1199、P.122下);Look:Acquadro(P.6下),K. Maeritz(P.120、P.120/P.121);mauritius images:O. Flüeler(P.54),Mattes(P.16),Rosenfeld(P.7),Schön(P.64),J. Warburton-Lee(P.10/P.11、P.34/P.35、P.53);mauritius images/age(P.58);mauritius images/Alamy(封二左、P.14、P.18、P.30左、P.30右、P.31、P.48/P.49、P.57、P.84、P.98/P.99、P.100、P.110、P.113、P.117),P. Quayle(P.20上);mauritius images/Alamy/wda delta/Alamy(P.19);mauritius images/foodcollection(P.20中);mauritius images/ib:Tack(P.60);mauritius images/Imagebroker:S. Auth(P.108),P. Giovannini(P.25);mauritius images/nature picture library:T. J. Rich(P.15);mauritius images/Robert Harding(P.8/P.9、P.36、P.39、P.92);mauritius;mauritius images/Westend P.61;V. Weinhäupl(P.20下);B. Schiller(P.129);M. Thomas(P.17、P.40、P.47、P.66、P.68、P.78、P.80、P.82、P.95、P.97、P.118、P.122上)

本书地图系原版书地图

禁忌事项

裸泳或裸体日光浴

裸泳是与斯里兰卡的传统文化相冲突的。T恤内不穿内衣或者穿不得体的紧身超短裤也是不得体的。请您尊重当地传统,不要使当地居民感到不自在。

白花钱

斯里兰卡人知道,游客也会讨价还价,因此为保险起见,他们会把价格抬高很多。对此,了解当地的物价水平可以给您一些帮助。斯里兰卡人每月的平均收入几乎不超过200美元,一顿饭大约3美元,摩托车载客15千米大约花费4美元。

被沙滩男孩欺骗

很多游客会觉得那些自信的、经常大笑的年轻沙滩男孩非常有魅力。但是这些执着于和您交谈的人只是想要骗您的钱!您最好直接无视他们,友好但果断地拒绝他们。

吵闹喧哗

僧伽罗人和泰米尔族人轻言轻语,经常微笑。他们并不能够理解游客们做事情的时候高声说话或者有夸张的动作。

给孩子糖果

就算是那些图片上村里的孩子触动了您的内心,也请您注意不要直接给他们糖果或者钱。您可以(通过导游或者司机)给教室或者相关机构捐献一些铅笔或者彩笔,否则将会有很多孩子因为这些有利可图的副业而辍学,最终成为乞丐。您最好向当地的援助项目提供资金支持。

伤及宗教情感

游览者在圣地(包括波隆纳鲁沃和阿努拉德普勒古城)一定要穿得体的衣服。游览寺庙的时候,必须穿可以遮住胳膊和腿的衣服,绝对不可以戴帽子,也不能穿鞋。请您不要站在佛像前拍照,这是违法的。

喝水缓解辛辣

那些辛辣的咖喱饭很有可能让您的嘴巴火辣辣地疼,这时候您不应马上去喝水或者饮料。最好吃点米饭、面包和一些口味温和的菜来缓解,这样过不了多久就会舒服很多。